# 「社会的脱落層」とストレスサイン

### 青少年意識の国際的調査から

平塚 儒子 著

謝　辞

　本研究を遂行するにあたり、まず地方公共団体教育委員会およびWAC（長寿社会文化協会）関係者、諸外国の大学の福祉文化関係者のご協力に感謝いたします。ついで巽典之教授、逢坂隆子教授、奈倉道隆教授、中垣昌美教授（四天王寺国際仏教大学）のご指導を賜ったこと、一番ケ瀬康子教授（長崎純心大学）、瀧藤尊教名誉学長（四天王寺国際仏教大学）らからの多くの有益なご助言をいただいたこと、そして指田隆一教授（四天王寺国際仏教大学）から統計学的解析のご指導をいただいたことに感謝の意を表します。

　ちなみに、本研究の半ばに、文部科学省遠山敦子大臣が私の意見を取り入れ、「引きこもり」よりのリカバリー対策として、「適応指導教室の新設」や「フリースペースの卒業単位認定」を実施していただいたことに対し深謝いたします。

## 推薦のことば

　日本人は「和のココロ」があると讃えられてきた。しかしながら最近の生徒たちの「イジメ」を聞くにつれ、果たして日本人には「和のココロ」があるのかと考え込まざるを得ないようになっている。現代日本の人々の心には「甘えと任せ」「驕りと見下し」の意識が潜在し、それが種々の社会問題を引き起こしている。親を殺す、子供を虐待する、見知らぬ子供を誘拐する、社会的弱者に石を投げ、棒でたたく、学校に行かない、勉強を極端に嫌う、老人を罵るなど、これまでとは異なる倫理観をもった日本人層が広がりつつある現状である。このような生徒と青年達の動向と日本の将来を憂い、持ち前の究学心からこの問題を真正面から分析しようとしたのが本書の著者である平塚儒子氏である。

　平塚氏は、金沢大学教育学部保健学養護課程で保健養護を修めた後、大阪府立白菊高校で24年間看護学の教鞭を執られた後、大阪府の人権問題にかかわる部署で活躍され、その間近畿大学医学部で解剖生理学を研究し、大阪府を退職後に株式会社東レで諸種の福祉用具の開発にかかわり、次いで長崎純心大学大学院修士課程に入り、社会福祉学の泰斗である一番ヶ瀬康子教授の下で修士号を取得、以後生命倫理学の勉強を目指して私どもの教室に在籍しており、現在は名古屋経済大学や大阪女子短期大学などで介護実技論を講じている、非常に多彩な経歴の持ち主である。教育者であり、社会福祉学者であり、医学・看護・介護学者でもある。平塚氏がそこで一貫していることは、「人を愛する心」を持って仕事を続けていることと、持ち前の馬力でもって自分に課した課題を根気よく着実にこなしていることであり、その総括的表現が本書である。

　本書は、不登校児・引きこもり・ニート、そして大阪釜が崎労働者が

「社会的脱落層」として進んでゆく社会的歴史的背景の分析から始まり、社会的脱落に立ち至る個人的な性格及び思考に関する精神医学的分析を行い、その状況を作り出した社会と家庭の環境の責任を追及し、多くの諸要因のうち、特に重要なのは幼児期学童期の教育の拙劣さにあること、そしてそれに対する日本国の対応の遅れを明確に指摘した点を高く評価できる。本書ではその問題が日本において顕著な事象であることを、世界各国の現地に赴いて同じ設問での国際比較調査を長年に亘り継続的に実施し、そのことを統計処理されたデータとして実証した研究としても評価できる。

　第2次世界大戦後60年を越えた日本は、憲法第九条に定める不戦の誓いの基に戦争のない福祉社会を構築してきた。若者達は経済的安定と飽食に安堵し、政治には全く関心を示さず行動も起こさないのが常態となっている。日本国政府は若者達の愛国心の欠如やイジメなどの多発を理由に、憲法改定、教育基本法改定、徴兵制へと路線が徐々に切り替えられつつある。この時期に本書を諸氏にお薦めしたい。

　2007年4月10日

巽　典之

（四天王寺国際仏教大学大学院社会福祉学科生命倫理学）

「社会的脱落層」とストレスサイン・目次

推薦のことば　　　　　　　　　　巽　典之　3

# 序　章　日本における「引きこもり」層の増加 …………9

# 第2章　日本の青年たちの生活意識 ………………17
1．社会生活での生活満足度の国際比較　19
2．日本の青年の職場生活への満足度　20
3．日本人の自信と愛国心の変化　21

# 第3章　「引きこもり」と「モラトリアム」の調査 …………25
1．調査計画とその内容　28
2．1次〜4次調査の総括的分析結果　32
　a．日本の調査結果　32
　b．日本人の各年代ごとのストレス兆候　35
　c．日本人のライフイベント・スコアの国際的評価　38
　d．生徒層におけるストレスの原因としてのライフイベント　41

# 第4章　「引きこもり」層に対する調査 …………………43
1．「引きこもり」事例紹介　45
2．「引きこもり」のストレスサインとライフイベント・スコア　46
3．第7次調査．「失業者」「ニート」「フリーター」「その状態にない者」の対照比較研究　50

## 第5章　ストレス社会を生み出した戦後日本……………59
1．経済および社会的雇用問題　62
　　1－1．失業率　63
　　1－2．就労状況　63
　　1－3．転職に関する国際比較　65
　　1－4．失業と貧困　67
　　1－5．年金・福祉などの社会保障制度　73
　　1－6．国家不信と社会不安　74
　　1－7．女性の雇用問題　76
　　1－8．ホームレス　78
2．家庭問題　83
3．民族文化的背景　85
4．教育問題　88

## 第6章　「不登校」「引きこもり」の変遷と国の対応…………89
1．「不登校」「引きこもり」の変遷　93
2．「不登校」「引きこもり」「フリーター」と失業率の関係　95
3．「不登校」「引きこもり」児に見られるストレスサイン　99
4．「不登校」「引きこもり」の社会的背景　100
5．「不登校」「引きこもり」問題への文部科学省の対応　101
6．モラトリアム兆候の階層別分布と教育指導要領　105
7．ストレスサイン対処に関する文部科学省指示　107
8．「引きこもり」問題に対する国連からの勧告　108

第7章 「ニート」に関わる国際意識調査 ………… 111
 1．ケニア、エジプトにおけるストレスサイン　113
 2．諸外国の青年層の仕事に対する意識とストレスサイン　116

第8章 ニュージーランドのモラトリアム対策 ………… 123
 a．「落ちこみ＝うつ状態」と「自律神経症状」　126
 b．心身ストレス兆候　127
 c．人間関係形成の上手下手　127
 d．「課題を設定して、その取り組みをした」経験の有無　129
 e．子どもの頃から兄弟姉妹とともに過ごした思い出の数々　129
 f．日常生活で感じられる精神的不安兆候　130
 g．日常生活で感じられる身体的不安兆候　130
 h．不安性心因反応の原因　131

第9章 「社会的脱落層」支援の構造 ………… 133

終　章 「社会的脱落層」の低減にむけて ………… 143

付1）教育基本法　150
付2）国連子どもの権利委員会の日本への見解　153
参考資料　調査表　155
引用文献　参考文献　168
謝　辞　2

# 序章　日本における「引きこもり」層の増加

序　章　日本における「引きこもり」層の増加

　第 2 次世界大戦以後の社会は資本主義的社会を基盤とし、アメリカ的民主主義の下に個人の尊厳を尊重する理念を導入した。1955年以降の日本は、戦後の経済的社会的低迷期から脱し、大きな経済発展を遂げ「豊かな国」へと成長を続けた。その成長に伴い、自由主義的経済による過当競争に敗れた「社会的脱落層」としての失業者や低所得者が街に溢れたことから、失業者への国家対策として大型公共事業が毎年立案され施行されてきた。低所得者は転職の困難さがありその家族は教育を満足に受けることができず、彼らはその貧しさから抜け出ることができない状況にあった。その後バブル経済を迎え国民生活のレベルが向上したものの、失業者がなくなる事がなく、学童・生徒層では怠学・「不登校」児が増え、青年層では「フリーター」や「ニート」(NEET) が増加した。「フリーター」と「不登校」の関係をみると、1982年から1987年の 5 年間は中学生の「不登校」率は0.18％の増加を示した。他方、小学生においても「不登校」率は0.02％の増加を示した。一方、「フリーター」は50万人から79万人と29万人の増加を示し、「不登校」率とは正の相関傾向が認められた。ついで1987年から1992年の 5 年間は中学生の「不登校」者は0.62％の増加を示し、小学生の「不登校」児は0.1％の増加を示して、一方、「フリーター」は79万人から101万人に達して22万人の増加傾向を示し、「不登校」者と相関傾向にある。1992年から1997年の 5 年間は中学生の「不登校」者は0.73％の増加を示し、小学生の「不登校」児は0.11％の増加を示し、「フリーター」は101万人から151万人に達して、50万人の増加傾向を示し、「不登校」者と相関傾向にあった。1997年から2002年の 5 年間における中学生の「不登校」者は、73％の増加を示し、小学生の「不登校」児は0.16％の増加を示し、一方、「フリーター」は151万人から209万人と58万人の増加傾向を示し、「不登校」者と相関傾向にあった。一方「フリーター」の人数は2002年には、209万人に達し

て、性別では男性94万人、女性115万人で、女性は男性より21万人多く、割合も22.3%多いことになる。臨時雇用者統計の学歴別では中学・高卒者が139万人（66.5%）を示していて、15〜34歳の中学・高卒者に占める割合も10.6%となっている。このように、1980年ごろまでは「不登校」児問題が社会的・教育学的主題のひとつであった。問題児は精神医学研究の対象として扱われていた。日本経済がバブルと称される時期に突入して以降に「引きこもり」問題、そして2000年以降になって「ニート」問題が社会的な話題となってきた。

### 図1. 不登校と完全失業率の関係

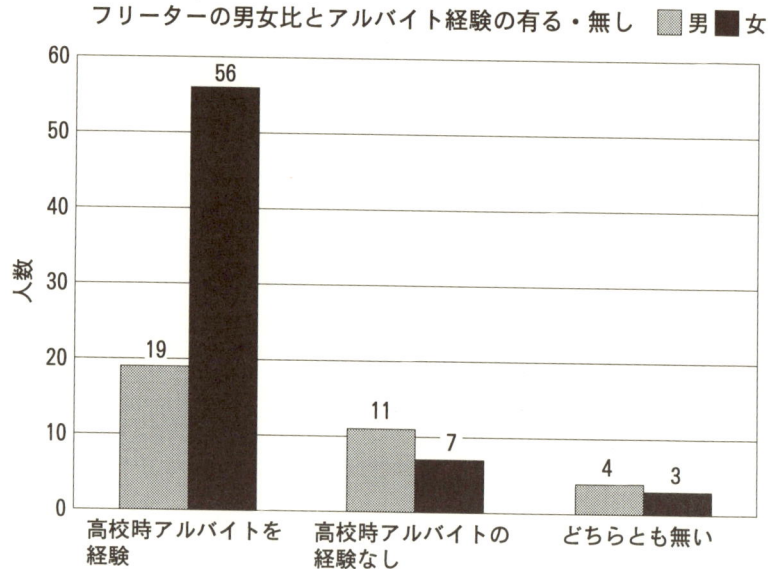

資料は日本労働研究機構フリーターのヒアリング対象者調査（2001年）より作成する。　　　　　　　　　　　　　　　　　N＝101　＊＊p＜0.01

「フリーター」のうち、高校在学中にアルバイトを経験している者とそうでない者を男女比でみてみると、「高校生時代にアルバイトを経験し

た」者は、女子は56人で、男子は19人であり、女子は男子の約3倍であった。逆に「高校生時代にアルバイトの経験の無かった」者は、男子は11人で、女子は7人であり、男子は女子の1.5倍であった。なお「どちらとも無い」とする者では、男子は4人、女子は3人とわずかながら男子が多かった。全体として女子は男子より高校生時代にアルバイトを経験している者が多かった。この背景には男子が家庭を支える、女子が家庭を守るとする潜在思想があり、女子は結婚前に自分で収入を得て自由に使いたいとの意識が作用していると考えられる（図1）。

　回顧してみると日本は古代から近年に至るまで農耕民族社会を継承してきた。日本人は、集団主義の内と外の依存体制である家制度が第2次世界大戦まで存在していた。第2次大戦以後はアメリカ式民主主義が導入され、効率的物質優先主義が尊ばれるようになった。この導入が日本人に与えた見かけ上の民主主義は、日本人全体が集団責任を基調としたものであって、個に責任を及ぼさないような社会的逃避傾向を表す日本的に修飾された民主主義であった。そして社会の生活基盤である経済問題に対し、国民は集団保護の意識から個を埋没させようと自己抑圧的に行動し、その抑制反応がそれぞれのココロの中に強いストレス反応を生み出し、そのストレス反応が社会全体に拡大した結果の現れのひとつが若年層での「引きこもり」の増加であると考えられる

　河合隼雄は「日本人と宗教」の中で、また黄文雄は「日本人が知らない日本人の遺産」の中で、「自己抑制行動をとる日本人の倫理観は、日本人の宗教性に深く根ざしていて美意識にある」と述べている。日本人のこの美学は、"自分を包む自然がその存在としてあり、美的感覚が結びつくことで日常生活に各種の道（華道、書道、茶道その他）を創造させており、それは自然の超越的な考え方であるとともに、偉大なる人や物などあらゆるものに調和を求める宗教性を包含している。「和」や

表1.「年層」「生年」「時代」ごとの世代区分呼称

| 生年、および<br>2006年度年齢 | 世代区分呼称 | 意識について |
|---|---|---|
| 1898～1928年<br>108歳～78歳 | 戦争時代 | 伝統思考が強く、遊び思考が弱い。 |
| 1929～1943年<br>77歳～63歳 | 第一次大戦後 | 伝統思考を持つ、まじめ思考を維持している。 |
| 1944～1953年<br>62歳～53歳 | 団塊世代<br>1953年完全失業率<br>（1.9%） | 伝統離脱意識を持つ、まじめ思考、戦後民主主義の所与、青年期に安保闘争、高度経済成長を感じた世代。 |
| 1954～1968年<br>52歳～38歳 | 新人類<br>完全失業率（1.2%） | 伝統離脱意識は伸展、ややまじめ思考、高度経済成長が終焉、テレビとともに育った最初の世代。 |
| 1969～1983年<br>37歳～23歳 | 団塊ジュニア<br>完全失業率（2.6%） | 最も伝統離脱思考、最も遊び思考が強い、GNPは世界第二位という環境で育った、社会に出る段階では、長引く不況と重なっている、テレビゲームやパソコンなど、メディア環境が多様化した中で育つ。 |
| 1984～1987年<br>22歳～19歳 | 新人類ジュニア<br>完全失業率（2.8%）<br>2004は（4.7%） | 03年で初めて登場した団塊ジュニアよりも、意識が後退しているようにみられる。 |

\* 現代日本人の意識構造［第6版］世代構成より作成
\* 世代の名称は綿貫譲二「環境変動と態度変容」による
\* 新人類ジュニアは分類されていない

序　章　日本における「引きこもり」層の増加

「美」は物質が豊かでない土壌の上に基礎として「簡素の美」を形成発達させ、「辛抱すること」も美徳としてきた。しかし急激な社会や経済的変化は伝統的な日本の文化形成機能を低下させ、倫理観や宗教観を壊し始めている。そこでは古い思想と新しい思想の相克があり、個人はその狭間でストレスフルとなる。

第2次世界大戦後にグローバル化した日本において、経済問題と教育が相互に関わりあって社会的、経済的な不安定さを生じさせ、目に見えない人間信頼関係を揺るがせて不安感を募らせ、無意識にやり場のない不安が人々の心の中に忍び寄り、現代成人社会のみならず、学校社会にも「いじめ」「不登校」や「引きこもり」「ニート」「フリーター」「自殺」を引き起こしていると考えられる。

豊かなはずの日本における新しい「引きこもり」問題、この対策としては、ソーシャル・インクルージョンを求めて社会福祉の積極的な施策が必要とされる。そこで本研究では、「引きこもり」「フリーター」「ニート」に陥る現代青年層には、「何が欠けていて、個人も社会全体も何をすべきか、何を支援すべきか」を問いかけつつ、いかなる問題解析と解決策を示唆すべきかを討論している。

著者は以前に約24年間高校教諭として、また大阪府教育委員会障害者担当理事として勤務し、その間に数多くの「長期欠席」生を扱い、「不登校」児・生徒の問題の根の深さを痛感していた。この問題は、「日本社会の歪みは、いかなることが原因しているのか？」との疑問がきっかけである。「自分研究を通じて、現在の若者をストレス状態から解放し、『不登校』『引きこもり』『ニート』『フリーター』に悩む青少年を少しでも減らしたい」と願って、本研究は開始された。

ここで本研究の具体的課題は、「引きこもり」問題が、1）直接社会や経済の変動に伴う問題なのか？　2）家庭（親）ないし個人の問題な

のか？　それとも、3）公教育の問題なのか？　4）文化、宗教などの民俗学的な日本人の意識によるところなのか？　を探求することであり、その研究手法として青年層の意識調査をベースとすることとした。

　ちなみに調査研究は、2000年以降に大阪府内の高等学校、中学校をはじめとし、東北地方から東京、滋賀、京都、和歌山、長崎まで「不登校」児・「引きこもり」生徒の調査をした。2002年にはスウェーデン、2003年にはケニアに2回、2003年にはオーストラリアとエジプト、2005年にはニュージーランドに文部科学省海外派遣研究者として訪れ、さらに2006年にはニュージーランド・クライストチャーチに招聘研究者として調査に出かけた。また同時期に国内で、各都道府県教育関係者及び関係外国大学、日本国外務省などのご協力のもとに、同じ研究調査を継続的に実施した。本研究はそれらの調査の総括的報告でもある。

# 第2章 日本の青年たちの生活意識

近年の急激な社会変化は、社会的・文化的に若者の心に現実と自己の理想との間に矛盾をもたらし、その矛盾への対応が持続的な生理的・心理的ストレスをきたし精神的身体的な不健康状態になり、まず「心理的引きこもり」や「不登校」、ついで「社会的引きこもり」になり、それが青年期にまで長期化し「フリーター」や「ニート」へと発展していくという経過をたどったものと仮定している。斉藤環は、対人恐怖症状を呈する人を調査し、その約7割に「引きこもり」状態を確認できたと報告している。

　このことから「引きこもり」「フリーター」「ニート」に走る日本の現代青年層の生活において、日本人のココロの中で「何が不満であり、何が欠けているのか」の意識について、国際的統計を用いて比較しつつ、検討することとする。

## 1．社会生活での生活満足度の国際比較

　世界における自国社会の生活満足度の国際比較では（図2）、日本人の社会生活への満足度は1977年と1998年が最も低く、1988年が51.3％と最も高い。この1988年はバブル景気絶頂期にあたる。その後平成不況に入ると、経済力の低下とともに満足度も低下の傾向を辿り、1998年には経済成長率がマイナスに入り銀行預金ゼロ金利時代に突入した。その年には満足度が35.2％と最低を示した。その後景気は2003年まで横ばい状態を示している。他方、韓国では生活満足度は1988年が17.2％と世界でも極めて低い値であるが、その後上昇の傾向を示し、2003年になると日本よりも高い39.2％に上昇している。

　こうした国際比較上での日本の位置の低迷傾向は、国民全体に希望と自信を失わせる要因となっていたと考えられ、その自信喪失が青年層に

「日々の生活はしのげるが未来がない」という意識を植え付けていったのであろう。

図2．社会への満足度（国際比較）

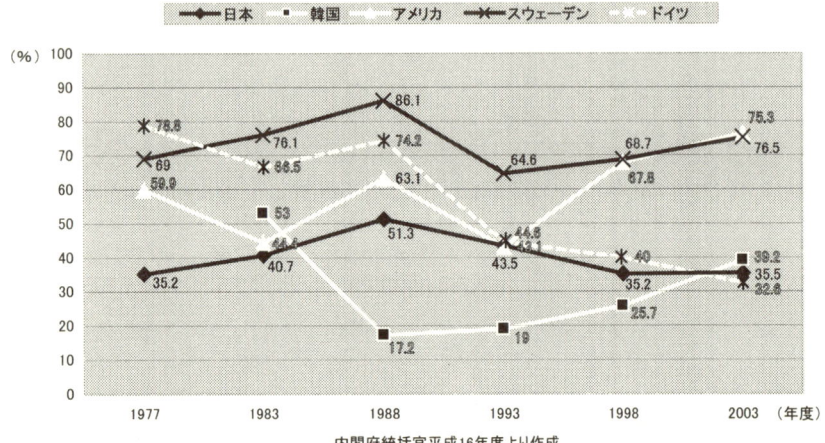

内閣府統括官平成16年度より作成

## 2．日本の青年の職場生活への満足度

　国際調査統計上、日本の生活満足度が1977年から2003年までの中長期にわたり国際的にみて低い位置にあったことは、日本人がその間に個人の所得は比較的豊かな時期であったにもかかわらず、国際統計では図3に示すように、「仕事に対する意欲が低下していた」ことが分かる。これは社会経済の低迷が人々の考え方や価値観にマイナスの影響を及ぼしていた結果であろうと考えられる。

第 2 章　日本の青年たちの生活意識

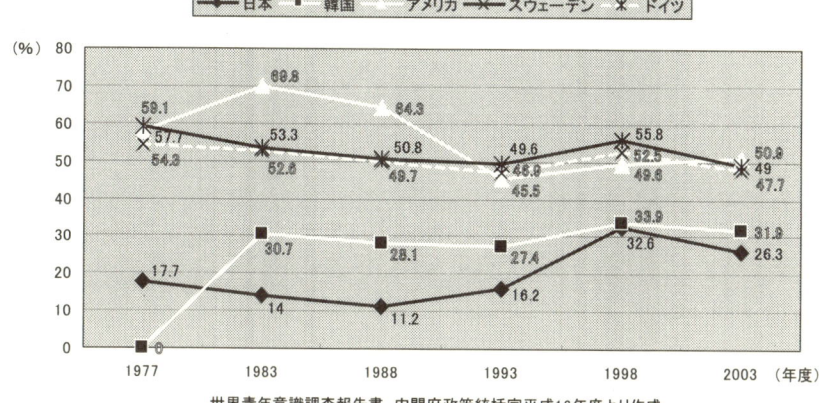

図3．職場生活の満足度（国際比較）

世界青年意識調査報告書、内閣府政策統括官平成16年度より作成

## 3．日本人の自信と愛国心の変化

　日本国民の自信について、1973年からの30年間に公表された種々の調査報告結果を基に文献的に総括すると、1973年に「他の国と比較して、日本人は優れた素質を持っている」と感じる者は60％、1978年では65％、1983年では71％と最も増加した。その後1988年では62％、1993年では57％、1998年と2003年では51％と漸減傾向を示している。
「日本は一流国だ」と考える者は1973年が41％、1978年では37％、最も増加したのが1983年の57％であり、1988年では50％、1993年では49％、1998年では38％と減少し、2003年では最低の36％となった。
　国に対する愛着心についての設問で、「日本に生まれてきて良かった」とする者は、1973年は91％、1993年では最も高い97％、その後わずかながら低下の傾向を示し、2003年では95％となっている（図4）。
「日本のために役に立ちたい」と考える者は、1973年は73％、1988年で

は66％と低下したものの、1993年では69％と増加を示した。しかし1998年と2003年になると66％と落ち込みを示していた。

「日本は一流国である」と考える者の落ち込みは1973年より1978年に見られ、ついで1998年より2003年に再度大きな落ち込みを示している。前者は1973年の第1次オイルショック期と符合し、1974年には狂乱物価をきたし、戦後初のマイナス成長をきたした時期でもある。後者は1986年から1991年のバブル景気と以後の平成不況の時期と一致する。

これらの結果を見る限り、日本国民の自信や国に対する信頼、そして若者の活力は国の経済力に支えられていることを物語っているであろう。

上記の各調査結果をまとめると、脱落層と同世代に帰属する青少年層意識は、日常生活に満足できず、職場・学校生活に満足できず、自分の住む日本に愛着を持てず、苦しんでいることが示された。その結果の背

図4．日本人の日本に対する自信と愛着心

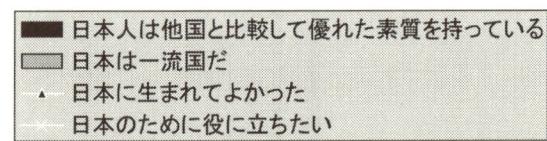

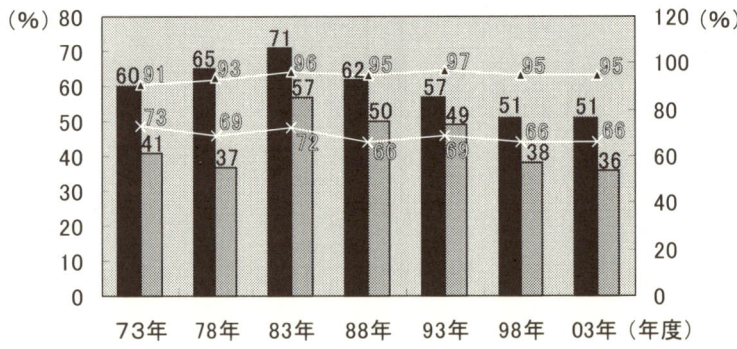

NHK放送文化研究所全国16歳以上の1973年より2003年調査より作成

景となっていた日本の社会の変化が影響していたことは否めないだろう。

　欧米の民主主義が導入された戦後の日本人の根底には、この封建制度と大家族主義の名残りを抱え、企業における雇用形態も会社の終身雇用が継承され、一家全員の生活は安定し、家族生活の将来像を描けるものであった。経済的成長と戦争なき政治的安定は、日本人自身に平和な国であると感じさせるに十分であった。安定の中での不安なココロの芽生えは1955年頃より、若者たちの間に最初は「学校恐怖症」として表れ始め、1970年代には、「校内暴力」や「家庭内暴力」と「登校拒否」が組み合わさった形で表現された。この間の経済変化をみると、1971年にはドルショックで1ドル360円であったものが1ドル＝302円10銭と円高になった。1973年には第1次オイルショック、1974年には狂乱物価、そして同年には戦後初のマイナス成長へと突入した。1979年には第2次オイルショック、1972年の経済成長率が8％であったのが1974年にはマイナス2％となり、その後は、低成長から日本経済が不況に苦しむようになった。この情勢を反映し、日本の若者の自国への満足度が最も低くなり、急激な経済悪化に伴う社会変化が、若者たちに将来が読めない不安を与え、その不安や苛立ちをぶつける行為として、校内暴力や家庭内暴力が日本に現れ始めた。1980年より始まった不況不安の兆候が出始め、1985年頃にはそれが一層ひどくなり、学校では「いじめ」や「ドロップアウト」が急増し、「不登校」が一般化してきた。1986年より1991年はバブル景気と呼ばれる状況にあって投機的土地売買が盛んに行われた。その後、湾岸戦争が勃発しソ連崩壊をきたし、日本の株価は暴落し地価は急落して、「バブル崩壊」と呼ばれる状況となった。勤労者には「リストラ」と呼ばれる解雇が現れ、若者たちの間に「結婚しないかもしれない症候群」が現れ、熟年離婚が流行した。

　1991年より現在まで平成不況が継続し、1995年阪神淡路大震災、オウ

ム真理教事件、1997年には神戸小学生殺人事件や、1998年和歌山毒物殺人事件があり、1998年金融破綻、銀行や企業が倒産していく時代背景にあって、「キレル子ども達」が現れた。2000年（平成12年）に入り「ゼロ金利」（BISの自己資本比率規制）政策と「不良債権処理による国内銀行の国際レベルへの引き上げ」の名目で企業借金棒引き政策が実施された。この社会不安は「引きこもり」を誘発し、「学校崩壊」が社会問題となり、中学生や高校生の凶悪犯罪が増加した。一方、この時代には日本全体で「終わりなきリーグ戦」ともいえる進学戦争が加熱し、それが平成18年の現在まで続いている。社会の急激な変化に対応出来ない不安心理に追いかけられる誤った教育熱は、「幼児期での競争」をもたらしたと同時に、「利己的な個人」を生みだした。

「バブル」とともに崩壊した、会社の倒産やリストラの現状は、若者に混迷と模索、そして「フリーター」や「ニート」を生む素地としての「モラトリアム状態」を作り出した。この言葉は「債務不履行」と訳される経済用語であるが、現在は精神分析の用語としても転用され、「青少年が大人になることを忌避し、自ら未成熟な子どものままでいようとする状態」をさす。エリクソンは「積極的成長にはアイデンティティの確立が重要であるが、"モラトリアム"は真のアイデンティティ形成の延期である。」と、自己確立の意味づけを強調してきた。「現在の若者は、自己のアイデンティティ（自己存在の確立）を求めて、悩み苦しんでいる。この状況はかつての若者には見られない状態で、モラトリアムにいつまでもしがみつく状況が、現代の若者に観察できる。」と永江や小此木は述べている。

　以上、本章の総括として、日本の青少年層は、日常生活や学校・職場生活に自信がなく、国家に対する愛着心が欠け、将来が見えない不安が潜在していることが、調査結果に現れていた。

# 第3章 「引きこもり」と「モラトリアム」の調査

日本の青年層は、精神的に不安定であり、生活上の不満感を強く表現する。このため自信を喪失し郷土愛や愛国心を失った青少年たちは、結果として「怠学」「不登校」「引きこもり」「ニート」などの「社会的脱落層」へと走ったと推測される。それら脱落層は1980年頃以降に増加してきたことから、私はその社会的原因を分析するための調査研究を2000年から開始した。このことから私は、青少年層が日常生活において潜在する心身疲労を感じているのか？　そしてまた、その心身疲労の原因は何か？　を探ることとした。

　調査は2000年に大阪府内の高等学校、中学校をはじめとし、東北地方から東京、滋賀、京都、和歌山、長崎まで「不登校」児・「引きこもり」生徒の調査をした。2002年にスウェーデン、2003年にケニア（2回）、2003年にオーストラリアとエジプト、2005年ニュージーランド、2006年にニュージーランド・クライストチャーチと国内で、各都道府県教育関係者及び関係外国大学、日本国外務省、WACなどのご協力のもとに、継続的に調査を実施した。

　調査は、生活意識、「引きこもり」のきっかけとなる心身兆候などを調査する質問書方式であるが、とりわけ「ストレス兆候」とその原因となるライフイベント（人生上の大きな転換となる事項）に焦点を絞ったものであり、本継続調査の基礎原本となっているのは、1967年ホームズとレイ（Holmes & Rahe）の発表した「生活ストレス研究」の社会的再適応評価尺度（Social Readjustment Rating Scale：SRRS）に拠っている。心身症は、ストレスが原因で過敏性大腸炎、神経性嘔吐、神経性胃炎・胃潰瘍、喘息、神経性頻尿、生理不順、偏頭痛、筋緊張性頭痛、頻脈・不整脈、起立性調節障害、自律神経失調症状、不明熱、易疲労感などの症状を呈するものであり、毎朝登校時に熱を出す「不登校」はその典型例とされる。SRRSはそれら精神構造と自律神経系の不安定さからくる

不定愁訴から生活上の原因を探し出そうとするものであり、その得点が低いほど様々な不適応反応が生じやすく、ライフイベントは経験得点が高いほど、健康状態悪化の可能性が高くなる。

　外国調査に当たっては、基本となる日本語設問の記述を、オーストラリア大使館日本人館員の協力を得て誤訳のないことを確認した。聞き取りにおいては現地大学研究員の方の同伴のもと調査を行った。

　調査データの解析方法は、1次集計の後、2次集計（クロス集計）を実施して、クロス集計の後にSPSS統計プログラムの$x^2$（カイ2乗）の検定を行い有意の差（$p<0.05$）、（$p<0.01$）のあったものをデータとして本論文の資料に採用した。

## 1．調査計画とその内容
　　　（第1回より第12回までの国内および国際調査）

調査記録

　第1次第1回2001年大阪府内の高等学校、中学校を調査

　第1次第2回2002年日本の国内調査、東北地方郡部の栗駒から東京、滋賀、京都、和歌山、長崎までを調査

　第1次第3回2002年スウェーデン（一番ヶ瀬康子教授による調査）

　第1次第4回2003年ケニア（2回）（筆者が現地ケニア・マサイマラで調査）

　第1次第5回2003年オーストラリア（筆者が現地オーストラリアで調査）

　第1次第6回2003年エジプト（筆者が現地エジプト・カイロで調査）

　第2次第7回2005年7月、8月、ニュージーランド・クライストチャーチにて1回目、住民と学生を対象（筆者が現地で調査）

　第2次第8回2005年日本の学生、一般人を対象に海外調査、第2次第7回と同じ調査を名古屋、大阪にて実施

第 3 章 「引きこもり」と「モラトリアム」の調査

第 3 次第 9 回2006年 1 月、ニュージーランド・クライストチャーチにて 2 回目、住民と学生を対象として調査

第 3 次第10回2006年海外調査第 3 次第 9 回と同じ調査を大阪、名古屋、兵庫において実施

第 4 次第11回2006年 7 月、8 月、ニュージーランド・クライストチャーチにて 3 回目、住民と学生を対象として調査

第 4 次第12回2006年 4 月〜 7 月、第 4 次第11回と同じ調査を名古屋、大阪において実施

調査内容

　A.『健康と豊かさのアンケート』調査項目（Your Health and Wealth Study），第 1 次（第 1 回より 6 回まで）調査

　1 ）調査の対象及び方法：国内（東北、大阪、和歌山、京都、滋賀、長崎 N=1300）

　2 ）調査内容（巻末調査表参照）

　　①社会生活「今の生活」の職業、家事、学業、項目 3 と細項目

　　②最近の変化ライフイベントとしての10項目（新しい仕事「勉強」等の項目）

　　③ストレスフル状態12項目（脱力感、眠気、頭痛等の項目）

　　④ストレス対処行動「疲れた時の自己対処」11項目（眠る、マッサージ等の項目）

　　⑤BMIの調査「現在の身長と体重」

　　⑥日常生活の機器「パソコンの使用と時間について」「テレビ視聴時間」

　　⑦A；「身体兆候」 7 項目、B；「自律神経系兆候」7項目、C；「心理・精神的兆候」 7 項目、D；自己実現「項目」 6 項目

⑧自己実現の将来展望「これからの生き方」11項目

B.『つなぎあう心のアンケート』調査 (Studies on Your Relationship with Other People)，第2次調査（第7－9回）
1）調査対象及び方法： 国内（大阪、愛知 N=106)、国外（ニュージーランド、N=52）の19歳より29歳までの男女を対象に、2005年夏に面接調査を実施（聞き取り調査）
2）調査内容（巻末調査表参照）
　①「子どもの頃の家族と過ごした人について」5項目
　②子ども時代の体温の変動「子ども時代からの体温」
　③子ども時代からの1日のリズム（サーカディアンリズム）「子どもの頃からの昼間の覚醒状態」
　④子ども時代からの「人間関係のへた・苦手」の状態
　⑤「他人に対する関心」
　⑥子どもの頃からのチャレンジ活動「ものごとに対する課題を設定したり、その取り組み」
　⑦社会の人間関係「地域活動への参加」
　⑧「子どもの頃から与えられたもの」
　⑨乳幼児や児童期の人間関係（兄弟姉妹など）や思い出
　⑩子ども時代から「最も好きだったこと」

C.『健康と将来展望』(Studies on Health and Lifestyle)，第3次調査（第10－11回）
1）調査対象及び方法：国内（大阪、愛知N=177）、国外（ニュージーランド N=50）の19歳より29歳までの男女を対象に2006年1月に面接調査を実施（聞き取り調査）

2）調査内容：(巻末調査表参照)
　①身体的ストレス兆候 4 項目
　②「不登校」(初期) 兆候 5 項目
　③「不登校」(中期) 兆候 8 項目
　④うつ兆候10項目
　⑤モラトリアム状態兆候 5 項目（モラトリアム心理として「ニート」を含む）
　⑥不安状態（落ち込み）に関する 6 項目
　⑦日常生活のライフスタイル10項目

D.『人々と健康と豊かさのアンケート』(Studies on Your Health and Wealth；Ⅱ 1)、第 4 次調査（第11－12回）
　1）調査対象及び方法
　2）調査項目（巻末調査表参照）
　　①小学校、中学校、高校、学生、成人に現れる心身兆候について、6 項目（小項目を含む）
　　②社会的不適応の問題項目11項目
　　③子どものころの活動について 2 項目

## 調査結果小括

1）第 1 次・第 2 次調査結果；日本人若年層の『健康と豊かさ』『つなぎあう心の意識』意識調査結果。外国に比して日本の若年者は常にストレスフルな兆候を示し、それは全国共通して見られる現象であった。

2）第 3 次調査結果報告；日本の青年層での『健康と将来展望』調査では、彼らは外国の青年よりも強いストレス状態にあることが示

された。
3）第4次調査結果報告；日本の青年はSRRS（人々と健康と豊かさ意識）は最低値を示していた。

## 2．1次〜4次調査の総括的分析結果
### 日本の若年層に見られるストレス兆候

　質問内容から心身ストレス兆候を以下のように分類し、データ解析資料とした。
**身体的不定愁訴**（physical complaints）
"めまいや立ちくらみ""腹痛""悪心や嘔吐がある""動悸や運動時の息切れがする""便秘がある""寝つきが悪く眠りが浅い""腰や背中の痛みがある""肩こりがする""スポーツ後の筋肉痛が2〜3日取れない"。
**心気症的不定愁訴**（psychosomatic complaints）
"だるくて疲れやすい""電車で空いている席があれば座る""筋力が落ちている""過食であったり拒食であったりする""朝早く起床できない""休日ゆっくりしても精神的な疲れが取れない""イライラして怒りっぽい""学校や職場で疎外感があり、溶け込めない、憂鬱である""体重や体型について気になる"。

### a．日本の調査結果
　国内においての調査対象は、小学生では5、6年生、中学生、高校生を対象に宮城県、東京都、滋賀県、大阪府、和歌山県を対象にした調査である。この調査は2001年から2003年にかけて各都府県の学校においてホームルームの時間に調査されたもので、総数1,003人である。

他方、西アフリカにおいては、ケニア・マサイマラで、総計50人について聞き取り調査を行った。なお、ケニアでの本調査は2001年から2003年にかけて行われ、マサイ族のトニカイ氏の協力によって、主にマサイ族に対しては、日本のJTB現地人スタッフの手を煩わし、英語からスワヒリ語に通訳をしつつ聞き取り調査を実施した。

**身体的不定愁訴**

① "めまいや立ちくらみ"は、小学生が65%と最多で、ついで高校生51%、大学生40%、中学生36%、最少は成人の24%であった。

② "腹痛"の最多は高校生の37%で、ついで小学生35%、中学生27%、大学生26%、最少は成人の8%であった。

③ "悪心や嘔吐がある"は、最多が高校生の16%、ついで大学生11%、小学生8%、中学生5%、最少は成人の3%であった。

④ "動悸や運動時の息切れがする"は、最多が高校生の36%、ついで大学生34%、成人29%、中学生21%、最少は小学生の19%であった。

⑤ "便秘がある"は、最多が大学生の39%、ついで成人29%、高校生25%、中学生9%、最少は小学生の5%であった。

⑥ "寝つきが悪く眠りが浅い"は、最多が高校生の32%、ついで大学生20%、小学生と中学生はともに19%、最少は成人の16%であった。

⑦ "腰や背中の痛みがある"は、最多が成人の43%、ついで大学生40%、高校生38%、中学生22%、最少は小学生の12%であった。

⑧ "肩こりがする"は、最多が成人の61%、ついで大学生47%、高校生39%、中学生25%、最少は小学生の19%であった。

⑨ "スポーツ後の筋肉痛が2〜3日取れない"は、最多が成人の44%、ついで大学生26%、高校生22%、最少は小学生と中学生の15%であった。

**心気症的不定愁訴**

⑩ "だるくて疲れやすい" は、最多が大学生の61%、ついで高校生52%、成人40%、中学生30%、最少は小学生の27%であった。

⑪ "電車で空いている席があれば座る" は、最多が大学生の49%、ついで高校生43%、成人37%、小学生33%、最小は中学生の28%であった。

⑫ "筋力が落ちている" は、最多が成人の62%、ついで大学生48%、高校生32%、中学生20%、最少は小学生の6%であった。

⑬ "過食であったり拒食であったりする" ものの最多は小学生の40%、ついで高校生36%、大学生32%、中学生25%、最少は成人の14%であった。

⑭ "朝早く起床できない" については、最多が中学生の44%、ついで小学生42%、高校生37%、大学生31%、最少は成人の14%であった。

⑮ "休日ゆっくりしても精神的な疲れが取れない" は、最多が大学生の40%、ついで高校生32%、成人31%、中学生22%、最少は小学生の19%であった。

⑯ "イライラして怒りっぽい" は、最多が大学生の30%、ついで高校生28%、小学生28%、中学生21%、最少は成人の19%であった。

⑰ "学校や職場で疎外感があり、溶け込めない、憂鬱である" は、最多が高校生の25%、ついで大学生17%、中学生12%、小学生7%、最小は成人の2%であった。

⑱ "体重や体型について気になる" は、最多が大学生の59%、ついで成人57%、高校生54%、中学生32%、最少は小学生の31%であった。

**以上の結果**から、日本の若年層の過半数が、何らかの心身症的愁訴をかかえている、ストレスフルな状況にあることが示された。

## b．日本人の各年代ごとのストレス兆候

　ストレスを放置することによって、不定愁訴、その後に自律神経失調状態から身体疾患が現れ、精神疾患へと移行すると吉川武彦は"「引きこもり」を考える"と題する著書の中で述べている。

　この多要因的で年齢階層別に現れるストレス兆候に差があることから初期サインの測定は困難であった。ストレスの測定は多要因的であって、かつ階層別にその影響が異なっている。Philp Barkerは「不登校」を表現する若年者に対する「うつ状態」調査において年齢階層別にストレス兆候の差があることを指摘している。このことから私は、小学生、中学生、高校生、大学生、成人の各階層別に、心身医学的不定愁訴調査をおこなうことで初期サインを見出そうとする試みをおこなった。その結果から早期兆候の発見とその対策が、日本国内において長期化と慢性化する社会参加群への遅延予防効果として期待できると予想している。

　研究の対象と方法は小学生（9－11歳 N＝384）、中学生（12－14歳 N＝313）、高校生（15－18歳 N＝318）、大学生（19－23歳 N＝107）、社会人（N＝160）日常生活活動をしている男女である。その心身に現れるストレス状態は、アンケート用紙を用いて書面調査を行った。平成14年度より16年度の2年間調査をおこなった。

**その結果は**次のようになった：

①小学生の多くが、（症状の理解度は別として）めまいと立ちくらみ、過食を多くが訴える。

②中学生では、むかつき、動悸、寝つきの悪さを感じ、朝の寝起きが悪いと多くが訴える。

③高校生では、便秘がちであり、疲れやだるさを強く感じて電車の座席に直ぐ座りたがる、周囲と溶け込まないなどの訴えが多い。

④大学生では、イライラ感が強くてだるさを感じ、電車内で直ぐ座る、休日を過ごしても精神疲労が回復できないと訴える。

⑤成人では、肩や腰の痛みがあり、スポーツ後の体力回復が遅れ、筋力の低下を感じつつも、体型を気にする傾向にある。

今回の研究はストレス関連身体兆候と心因的兆候調査であり、両者いずれもが高いとストレス過多であって身体的影響が発現する状態にあることを示すことになる。特に30%を越える高い回答が得られた項目は、全体的なストレス環境とその影響が調査対象者に強くあることを反映していることになる。身体的訴えと心因症的訴えに大別して結果を比較してみると、小学生には、立ちくらみなどの身体兆候が出現し、中学生では自律神経失調症的兆候が出始めるが、その発現頻度は低く、高校生になると自律神経失調症的訴えのほかに身体的兆候が加味され、大学生になると両者の訴えが休日を経過しても回復されずイライラ感が募り、成人になると、スポーツなどを行っても体力衰退兆候が出現することから自己の体型の変化を気にしていることが示されていた。

この結果の問題点は、それらの変化がヒトのライフサイクルにおける生理的な年齢変化なのか病的変化なのかどうかということ、精神病的状態にある者とない者との比較調査が実施されていないこと、そして全く同じ調査が過去に実施されていなかったことなどの観点から、今回の結果からは明確な対比的結論は得られず、日本の現代若年層が強いストレス状況にあるだろうとの印象的結論に終わることは残念である。

表2-1 小学生に多い身体的不定愁訴 (physical complaint)

|  | 小学生 | 中学生 | 高校生 | 学生 | 成人 |
|---|---|---|---|---|---|
| 目まいや立ちくらみがある | 65% | 36% | 51% | 40% | 24% |
| 腹痛がある | 35% | 27% | 37% | 26% | 8% |

## 第3章 「引きこもり」と「モラトリアム」の調査

表2−2　小学生や中学生に多い心気症的不定愁訴（psychosomatic complaint）

|  | 小学生 | 中学生 | 高校生 | 学生 | 成人 |
|---|---|---|---|---|---|
| 食事は過食であったり拒食であったりする | 40% | 25% | 36% | 32% | 14% |
| 朝早く起床できなくて行動がのろい | 42% | 44% | 37% | 31% | 19% |

表2−3　高校生に多い身体的不定愁訴（physical complaint）

|  | 小学生 | 中学生 | 高校生 | 学生 | 成人 |
|---|---|---|---|---|---|
| 腹痛がある | 35% | 27% | 37% | 26% | 8% |
| 動悸や運動時の息切れがする | 19% | 21% | 36% | 34% | 29% |
| 寝つきが悪く眠りが浅い | 19% | 19% | 32% | 20% | 16% |
| 悪心や嘔吐がある | 8% | 5% | 16% | 11% | 3% |

表2−4　高校生に多い心気症不定愁訴（psychosomatic complaint）

|  | 小学生 | 中学生 | 高校生 | 学生 | 成人 |
|---|---|---|---|---|---|
| 学校や職場では疎外感があり、溶け込めない、憂鬱である | 7% | 12% | 25% | 17% | 2% |

表2−5　学生に多い身体的不定愁訴（physical complaint）

|  | 小学生 | 中学生 | 高校生 | 学生 | 成人 |
|---|---|---|---|---|---|
| 便秘がある | 4% | 9% | 25% | 39% | 29% |
| だるくて疲れやすい | 27% | 30% | 52% | 61% | 40% |

表2-6 学生に多い心気症的不定愁訴 (psychosomatic complaint)

|  | 小学生 | 中学生 | 高校生 | 学生 | 成人 |
|---|---|---|---|---|---|
| 休日ゆっくりしても精神的な疲れが取れない | 19% | 22% | 32% | 40% | 31% |
| イライラして怒りっぽい | 26% | 21% | 28% | 30% | 19% |

表2-7 成人に多い身体的不定愁訴 (physical complaint)

|  | 小学生 | 中学生 | 高校生 | 学生 | 成人 |
|---|---|---|---|---|---|
| 筋力が落ちている | 6% | 20% | 32% | 48% | 62% |
| 肩こりがする | 19% | 25% | 39% | 47% | 61% |
| スポーツ後の筋肉痛が2〜3日取れない | 15% | 15% | 22% | 26% | 44% |
| 頭痛がする | 23% | 27% | 29% | 31% | 32% |
| 腰や背中の痛みがある | 12% | 22% | 38% | 40% | 43% |

表2-8 成人に多い心気症的不定愁訴 (psychosomatic complaint)

|  | 小学生 | 中学生 | 高校生 | 学生 | 成人 |
|---|---|---|---|---|---|
| 集中力と記憶力が劣っている | 15% | 39% | 31% | 48% | 48% |

c. 日本人のライフイベント・スコアの国際的評価；ライフイベント・スコアは5か国中最下位であった（図5）

　個人生活の中で人生を左右するような出来事をライフイベントと呼び、各人は多かれ少なかれそのイベントに遭遇し、そのイベントを心身上のストレスと感じ、その後の自分自身を大きく変換させる。現代社会では

第3章 「引きこもり」と「モラトリアム」の調査

「不登校」「引きこもり」「ニート」といった社会的孤立群の増加が社会問題となっているが、社会的脱落にライフイベントがどの程度関わっているかの調査を試みた。

私の調査表では、ライフイベント経験の得点が高いほど、健康状態悪化を来たしかねない出来事を頻回経験したことになり、それに伴うストレスがかかることから、ライフイベント尺度は健康ストレス尺度とも言える。この尺度評価法は、米国のホームズとレイ（Holmes&Rahe、1967年）の提唱したライフイベント法（社会的再適応評価尺度 SRRS Social Readjustment Rating Scale）を起源とするものであり、ライフイベントに関連して深刻な健康障害や疾病発生に至る過程をストレス指標として相対評価しようとするものであり、「生活ストレス研究法」として現在でも世界中で広く活用されている。私はこの元の方法に現代の社会環境に適合したものを加えて改変し調査用紙を作成した。本調査結果はライフイベント・スコア経験得点が高いほど、心身の健康状態悪化の可能性が高くなる傾向にあると判定できる。日本人のライフイベントの各項目への該当者の割合は低く、日本は各国の中で最も低い値として現れている。このことは、例えば外国では肉親との死別などがストレス関連疾病発症の原因となるが、日本でのストレス要因にはライフイベントが大きく関わっていないことが示された。

それを詳細に見れば、ライフイベントの日本と外国の1位から3位までの比較において、ケニアでは最多は「特別な責任が生じた」46％、ついで「自分に対する期待の変更があった」44％、「新しい仕事（勉強）」や「新チームの仕事がある」14％の順であった。オーストラリアは最多は「特別な責任が生じた」30％、「自分に対する期待の変更」「新チームの仕事がある」「友人や家族の危機」16.6％の順であった。スウェーデンの最多は「新しい仕事（勉強）」27.4％「特別な責任が生じた」23.5％、

ついで「自分に対する期待の変更」と「新チームの仕事がある」は19.6％であった。エジプトの最多は「特別な責任が生じた」22％、「住居の変化」12％、ついで「環境の変化（例えば辞職、解雇等）」や「新チームの仕事がある」「友人や家族の危機」10％であった。

日本では、人間関係の障害となるライフイベントが低い割合である一方、情緒や心理的兆候、そして身体的兆候や自律神経兆候はライフイベント以外の要因が影響して現れていると推定される。すなわち、教育、文化や社会環境、経済の影響を大きく受けているものと考えられる。さらに、日本での「不登校」者「ニート」「フリーター」「失業者」の心身に現れるストレス兆候は、パーソナリティの形成過程（子ども時代の何らかの形成）と社会的環境的要因が関連しあっている点に特徴があり、日本人に現れるライフイベントの低さは、個人のレベルの問題ではなく、社会的な背景が強いであろうと菊池らは推測する。

図5．国際比較・「最近変化がありましたか」（変化の少ない日本人）

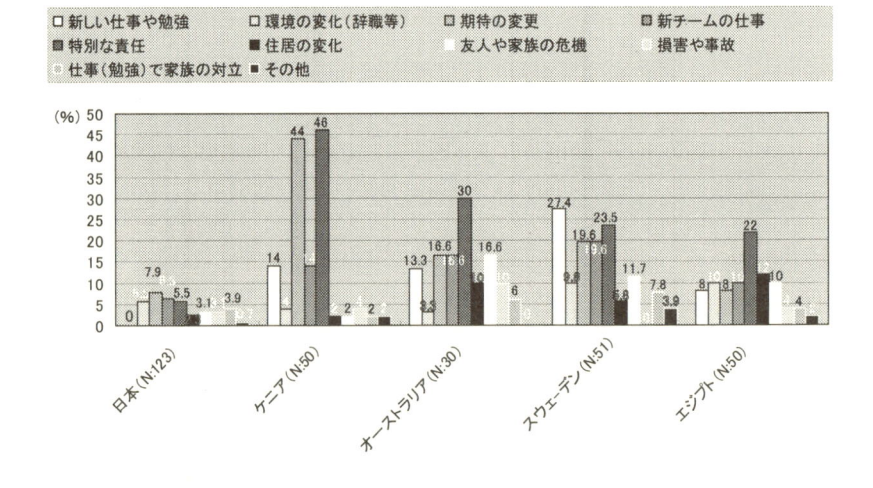

### d．生徒層におけるストレスの原因としてのライフイベント

「社会的脱落層」を生み出す素地は義務教育の時代に醸成される。そこで特に義務教育中の生徒層における調査を行った（図5参照）。

日本人生徒層に対する学校生活におけるライフイベントに関する調査の結果では、

① 「クラスが変わったこと」で、最も変化があったのは、中学生46.2％、ついで小学生24％、最少は高校生であった。

② 「転校したこと」で、最多は高校生5.8％、ついで小学生3％で、最少は中学生の1.6％であった。

③ 「自分に対する家の期待が高いこと」での最多は小学生17％、ついで中学生10.5％、最少は高校生の9.1％であった。

④ 「責任が生じたことがあった」での最多は小学生19.5％、ついで中学生13.5％、最少は高校生の3.2％であった。

⑤ 「家の引越し」での最多はわずかであるが、小学生3％、ついで高校生2.1％、最少は中学生の1.9％であった。

⑥ 「友人や家族に気になる危機があった」での最多は小学生7％、ついで中学生、最少は高校生の5.4％であった。

⑦ 「勉強について家族と意見があわなかった」での最多は小・中学生13.5％で、最少は高校生の4.7％であった。

このことから日本の生徒たちは、転校やクラス替えによる友人の消失には大きな失意を感じるが、転校自体はあまりストレスの原因とはなっていないことが示された。

本章の総括として、日本人生徒層のストレスは、ライフイベント以外の要因により、換言すれば社会や家庭により生じている日常の問題が積

み重ねられた結果、ストレスフルの状況に置かれていると感じているものと推定される。

# 第4章 「引きこもり」層に対する調査

第4章 「引きこもり」層に対する調査

## 1.「引きこもり」事例紹介

　現在の「引きこもり」の大多数は小学校から大学までの間に学校で何らかの出来事がきっかけで、外なる社会と内なる家庭に対して自力では排除しきれず、双方の拒絶を通じて「引きこもり」化したものであろう。「引きこもり」者の圧倒的多数は自宅に住んでいる。つまり親との同居が多い」と（神山新平）が述べている。私は「引きこもり」問題者への相談員として活動していた時、16歳の「不登校」から36歳までの長期間にわたり「引きこもり」をしていた事例を経験したので紹介する。

事例．Aさん（男性36歳・奈良県在住）
　一家の次男に生まれ、父、母、兄、本人の4人暮らしである。本人は社会福祉の大学に進みたいと希望し目指したが、大学の受験には失敗した。だが、経済学部に合格し、彼は進路を決めかねていた。そこで両親にとにかく合格した大学へ行って欲しいと懇願され、その後に進路は考えて良いと言われ、しぶしぶ進学したが、希望しない学部の学生生活はその後の「引きこもり」の誘引にもなった。兄はたえず両親と口論をして対決姿勢で臨んでいたところを、本人は見ていた、しかし本人は両親と対決することは「しんどい」と思い、楽に人生を送りたいので親には反抗しないで、ずるずると過した。一方兄は親と対決して家出をしていたが、すぐに帰宅した。このような中で、自身と親に対する心理的葛藤と抑圧で心身症状を含む「引きこもり」状態となっていった。しかし、はじめは高校生の「不登校」があり、その後、大学生から「引きこもり」状態となる。その後は長期化し、対人恐怖と心身の症状が強く、朝起きることができない状態で昼夜逆転で自室に「引きこもる」生活となって

45

いった。家では母親は口うるさく、父は放りっぱなし、母の完璧主義の呪縛が解けない状態の「引きこもり」であり、心理的には苦しい毎日であった。気がついた時には36歳になっていて、この年齢になってやっと、親と対決姿勢をとった。その後相談センターに通うようになり、アルバイトができるまでとなった。今は、週2日、家で過ごすことは辛い状態となっている。なぜこんなに長くなるまで「引きこもって」しまったのであろうか、反省しているといっていた。

## 2．「引きこもり」のストレスサインとライフイベント・スコア

　本研究（第5－7次調査）の遂行にあたり、「引きこもり」の状況にある青少年の聞き取り調査は不可欠であると判断し、表4にあるような調査を実施した（N＝227）。本調査においては大阪府・市共同開設「引きこもり」者相談施設で調査しえた結果である。比較対象は同年齢の青少年層とした。ただし、本調査においての問題点は、「社会的脱落層」である「不登校」「引きこもり」群に対する調査において、「引きこもり」「不登校」「ニート」の者が、対面調査に拒否的態度を示したり、ヒトとの接触を避けたりすることから、聞き取りに時間がかかり調査が不十分であった点は否めない。しかしながら、対面調査において私が受けた印象は、彼らは自宅にいる限り意外とストレスを感じておらず、安心した状態にあることであり、一旦家の外に出ることにより大きな恐怖と不安感を覚えている点が共通して感じた印象である。

第5、6次調査結果小括
### 小・中・高校生に生じているストレスサイン（図6）
　日本人の小・中・高校生に一般的かつ共通して言えることは「眠くて非常に疲れやすい」「目が疲れる」などの身体的ストレスサインであった。

図6．不快な症状を有する小・中・高校生（日本人）

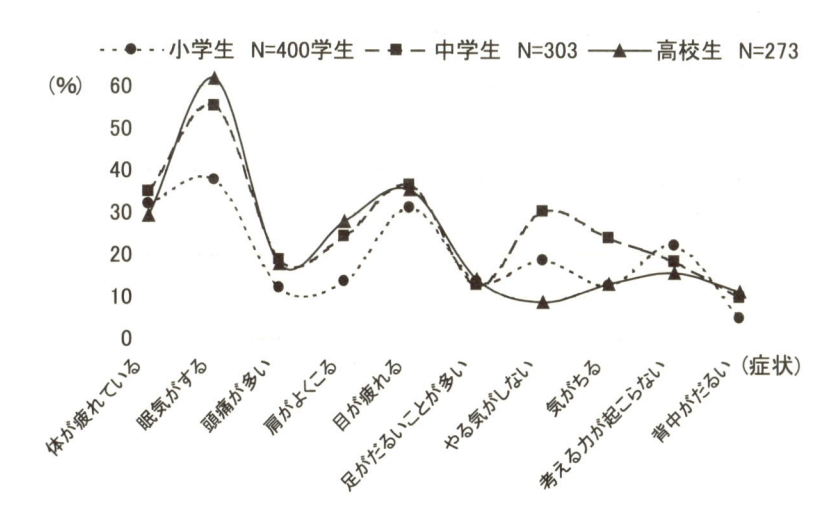

・ストレス要因；「学校でのクラスが替わる」ことに対するストレス（図7）
　ストレスの原因となった事項で思い当たることを表現させると、全体的に「進級・進学にともなうクラス替え」が最も多く、ついで「責任を持つことが生じた場合」「家族の問題」や「学校生活の変化が生じた場合」の順であり、安定した学習環境の変化や友達を失ったことが大きなストレスとなっていることが分かる。

図7．小・中・高校生の日常生活で生じている変化（ストレスの原因）

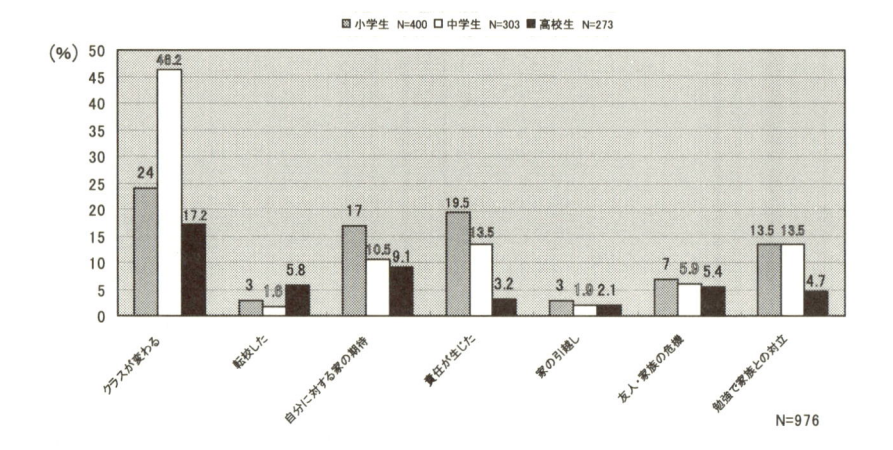

小学生 N=400　中学生 N=303　高校生 N=273

クラスが変わる：24, 48.2, 17.2
転校した：3, 1.6, 5.8
自分に対する家の期待：17, 10.5, 9.1
責任が生じた：19.5, 13.5, 3.2
家の引越し：3, 1.9, 2.1
友人・家族の危機：7, 5.9, 5.4
勉強で家族との対立：13.5, 13.5, 4.7

N=976

・「不登校」「引きこもり」「ニート」に対する調査（N＝227）

1）人間関係が、へた「苦手である」、兄弟と助け合うことの上手下手；「人間関係の形成のまずさ」（表3）：

「人間関係が、へた・苦手であるか？」については（表4）、子ども時代の兄弟との関係で、お互いが助け合わなかった者は、成長後の人間関係が、"へた「苦手である」"であった。また、人間関係が、へた「苦手でない」者について、"他人への関心がある"者に有意に高い相関があった。他方、他人に対する関心は、"どちらともいえない"、"何をしても興味がもてない"との回答が多かった。

表3．人間関係が、へた「苦手である」、兄弟と助け合ったことがない？

|  | へた「苦手である」 | へた「苦手ででない」 | どちらともいえない |
|---|---|---|---|
| 助け合わない | 29 | 41 | 100 |
| 助け合った | 10 | 38 | 9 |

2)。「人間関係が、へた・苦手であるか？」「他人に関心があるか？」：人間関係が、へた「苦手でない」者について、"他人への関心がある"者に有意に高い相関があった。

表4．人間関係が、へた「苦手である」、他人に関心がある

|  | へた「苦手である」 | へた「苦手でない」 | 何ともいえない |
|---|---|---|---|
| 他人に関心が少ない、無い | 9 | 5 | 4 |
| 関心がある | 10 | 55 | 44 |
| どちらでもない | 20 | 19 | 61 |

　以上の統計は、「社会的脱落層」としての「引きこもり」の者は、「人間関係構築のまずさ」を特徴としていることを示すと同時に、学校生活での問題発生が脱落層を生み出す大きな要因の一つとなっていることを示唆していた。

「登校拒否」は、日本ではこれまで児童精神科臨床における診療対象として扱われており、1988年に「登校拒否の診断基準」の作成が検討されたことがあり、その過程において、「登校拒否」をどう扱うかが討議された。精神科医213名に対し、「登校拒否」と診断するかどうか症例を提示したところ、①71％の医師が「登校拒否症である」と診断した。②それを国際疾病分類ICD−10で分類したところ、F9（発症が通常小児期から青年期の行動と精神の障害および特定不能の精神障害）、F4（神経症性；ストレス関連性及び身体表現性障害）、F5（生理的機能障害とホルモン障害に関連した行動症候群）、F7（精神遅滞）に広く分布し、登校拒否が状態像の診断ではないと考えられた。その結果、日本版「児童・思春期精神障害の診断分類・基準」の作成に「登校拒否」を除くこととされた（山

崎晃資、松田文雄、粟田廣）。このことは、「登校拒否」は諸種の因子が絡み合っていて診断が困難なことと、それを精神医学的見地から病理性を解析するには限界があることを示している。一方、北村陽英は、「不登校」は「①学校恐怖（school phobia）、②登校拒否（school refusal）、③無気力「不登校」（学校脱落、school drop-out）に分けられ、①は小学校から中学校低学年に多く見られ、家庭から離れることに強い不安を示し、そのために登校できない。家庭からの分離不安である。②は中学生から高校生に多く見られ、家庭からの分離不安はないが、学校とそれに関係する場面（同級生や教員、試験や学業成績、進学問題、学校の雰囲気など）に限って、強い恐怖感をいだき、その不安を回避するために学校に行かなくなったものであり、登校刺激に対して家庭内暴力や自殺企図が出現しやすい。③は学校生活や学校授業あるいは進学することに意義を見出せず、自己実現について目的意識がなく、意欲的になれず、登校しないで無為に日々を送っており、高校生に多く見られるとし、それらを神経症特殊型に分類している。「社会的脱落層」の青少年は、通常内向的非社交的であるものの外部に対しては暴力性が無くて行動異常とは考えがたいことから、病理性を追求する精神病学的アプローチを個人に対して行うことは適切ではないと著者は考えている。

## 3．第7次調査．「失業者」「ニート」「フリーター」「その状態にない者」の対照比較研究

### 国際比較

　日本における①「失業者」②「ニート」（若年無業者）③「フリーター」について：日本は、近年まで、若者の自立にいたるプロセスがスムーズに移行できるシステムを持つ国として国際的に評価されてきた（OECD 2000）。それは若者が卒業と同時に学校の組織的な支援の下に、安定し

た正規の職を得る新規学卒就職・採用のシステムがあった。しかし、90年代初めの景気後退以降、新規学卒者への企業の採用意欲は大幅に減退していった。また同時に増加したのが、①「若年失業者」②「フリーター」③「ニート」(無業者)である。

## 定　義

・「フリーター」の定義は、年齢が15～34歳と限定され、①現在就業している者については勤め先における呼称が「アルバイト」または「パート」である雇用者で、男性については継続就業年数が1～5年未満の者、女性については未婚で仕事を主にしている者とし、現在無業の者については家事も通学もしておらず「アルバイト・パート」の仕事を希望する者と定義している。1982年度50万人、2004年度は213万人と22年で4.26倍となっている。

・「フリーター」の地域別分布：最多は南関東で、ついで近畿、九州、東海、東北、北関東、北海道、中国、北陸、四国地方の順に多いことが表れている(総務省　労働力調査)。なお「フリーター」は政府の「若者自立・挑戦プラン」の中で増加に歯止めをかける対策として実施されている。

・イギリスでの「ニート」の定義：イギリスでは、学校に行っていない、仕事もしていない、職業訓練を受けていない若者を「ニート」(Not in Education, Employment, or Training)と呼び、政策として特段の注意が払われている。イギリス政府では、職業訓練に力を入れ、義務教育就業後に、上級学校に進学せず、就職もしない場合は、職業訓練を受けるよう誘導する政策をとり続けてきた。にもかかわらず、1990年代末の調査では、16～18歳人口の9％が学校にも、雇用にも、職業訓練にも参加していない「ニート」の状態であることが指摘された。さらに、イギリスでは、近年、若年失業問題は大幅に改善しているが、16～18歳で「ニ

ート」状態にあった者は、その後も教育訓練に参加せず、長期的キャリア形成の可能性は低く、納税者ではなく様々な社会福祉給付受給者になる可能性も低くない。薬物乱用者や刑法犯、ホームレスになる可能性も低くないなど、将来の社会的排除に結びつきやすい存在であることが指摘されている（小杉礼子）。

日本型「ニート」：15〜34歳の非労働力（仕事をしていない、また、失業者として求職活動をしていない者のうち主に通学でも、家事でもない者）という定義が平成17年度版労働経済の分析に表れている。日本型「ニート」（若年無業者）は1993年度40万人、人口比（1.1%）で、2004年度64万人、人口比（1.9%）でやや上昇傾向を表している。

「ニート」の分布：地域別の最多は南関東、ついで近畿、東海と九州、北関東と甲信、東北と中国、北海道と北陸の順である（総務省 労働力調査）。無業者のうち、最も高い割合を示しているのは「人付き合いなど社会生活を上手くやっていく自信がないから」となっている。

学校時代の友人関係報告：仲のよい友達が「いた」と解答した割合が無業者では、正社員、パート、アルバイトに比べて低くなっており、「いなかった」と答えた者が約1割を占めていると表している（平成17年度 労働経済の分析）。

「ニート」「失業者」「フリーター」のストレス対処能力報告：「ニート」「フリーター」の18歳から36歳までの33人について調査した結果では、人間関係等から心身面に支障をきたして離職に結びつき、「ニート」になるケースが多く見られると指摘されている（文部科学白書 2005）。

「フリーター」の労働状況報告：半数近くは正社員並みによく働いているが、残りの半数は就労日数も就労時間も少なく、不定期であり、こうした就労状況と「ニート」状況とは、近いところにあると小杉礼子が指摘している。

**研究方法**：健康障害を引き起こす関連研究に関して、とりわけ青年期のモラトリアム年齢やストレス対処能力に関しては今日まで研究に至っていない。さらに「失業者」と「ニート」「フリーター」の比較研究はいまだ結果に至っていないのである。これらのモラトリアム状態に至っていない人々と比較することで、さらに明確な各々の特徴の結論が得られることを期待して、調査し、統計解析を実施した。今回は223人の19歳から40歳までの男女の社会人や学生（通信教育部を含む）を対象にアンケートと聞き取りで調査した。

「失業者」「ニート」「フリーター」「モラトリアムの状態にない者」の年齢の関係、モラトリアムの兆候の項目数と内容に関して、さらにストレスの対処能力、健康保持能力を測る尺度として開発されたSOC縮約版を使用して、1）より13）からなる項目を採点基準に従って、回答した点数の合計を求めた得点を表した。この得点は一般の人々は54～58点の間にあるとされる。この点数が高いとストレス対処能力が高いとされる、ただし、点数が高すぎるのも問題があるとされる。

　研究の焦点は、「年代階層別」「モラトリアム状態の兆候」「SOC」と「失業者」「ニート」「フリーター」「モラトリアムの状態にない者」とのクロス集計の後、$X^2$（カイ2乗）の検定で有意の差のあったものを採用して表した。

**調査結果1）年齢階層別と「失業者」「ニート」「フリーター」「その状態にない者」との関係**（表5）

　年齢階層別にみると、失業者の最多は18～23歳の38.2％で、ついで50歳以上29.4％、30～39歳と40～50歳の11.8％の順で、最少は24～29歳の8.8％であった。「ニート」での最多は18～23歳の64.3％で、ついで40～

49歳の21.4%、30〜39歳の14.3%の順であった。「フリーター」での最多は24〜29歳と30〜39歳の33.3%で、ついで18〜23歳と40〜49歳の16.7%で、状態のない者の最多は18〜23歳の74.6%で、ついで30〜39歳の9%、40〜49歳の7.5%、最少は24〜29歳と50歳以上の4.5%であった。すなわち今回の調査対象では、年齢階層別でみると、失業者は18〜23歳にピーク、「ニート」は18歳〜23歳に、「フリーター」は24〜29歳に、無職ないし「ニート」でない状態の者のピークは18〜23歳であった。

表5．年齢階層別と「失業者」「ニート」「フリーター」「その状態にない者」と年齢の関係　　　　　　　　　　　　　　　　　（%）

|  | 「失業者」 | 「ニート」 | 「フリーター」 | 「状態なしの者」 |
| --- | --- | --- | --- | --- |
| 18〜23歳 | 38.2 | 64.3 | 16.7 | 74.6 |
| 24〜29歳 | 8.8 | 0 | 33.3 | 4.5 |
| 30〜39歳 | 11.8 | 14.3 | 33.3 | 9 |
| 40〜49歳 | 11.8 | 21.4 | 16.7 | 7.5 |
| 50歳以上 | 29.4 | 0 | 0 | 4.5 |

N=121　　** P＜0.01

**調査結果2）"モラトリアム状態項目保有個数"**

　モラトリアム状態保有関係は、①失業者の最多は項目数0（ゼロ）とする者が61.8%で、②「ニート」の最多はモラトリアムの項目のない状態0（ゼロ）が25.7%であったが、他の群と比し最低の率であった。問題を1個以上を有するものの合計は74.2%となっており、何らかのモラトリアム問題を抱えていることが示された。③「フリーター」の最多は2個の50%で、ついでモラトリアムの項目のない状態0（ゼロ）が33.3%であった。④それらの状態にない者の最多はモラトリアム状況の項目を見出せず、いわゆるスコア0（ゼロ）が50.7%と過半数を占めた。

表6.「失業者」「ニート」「フリーター」及び「それらの状態のない者」
における"モラトリアム状態に関わる問題の保有個数"

(%)

| 問題個数 | 「失業者」 | 「ニート」 | 「フリーター」 | 「状態なしの者」 |
|---|---|---|---|---|
| 0個 | 61.8 | 25.7 | 33.3 | 50.7 |
| 1個 | 20.6 | 24.3 | 16.7 | 37.3 |
| 2個 | 14.7 | 21.4 | 50 | 9 |
| 3個 | 2.9 | 21.4 | 0 | 0 |
| 4個 | 0 | 7.1 | 0 | 0 |

$X^2$　　N=123　** $P<0.01$

## 調査結果3)仕事への意欲

失業者;回答者の41.2%が仕事をするときには何らかの不安感を覚えると訴えていた。

「ニート」;回答者の42.9%が仕事をしたくないとし、35.7%は就職活動が嫌であって、仕事をしたくないと答えていた。

「フリーター」;回答者の66.7%が仕事をすることに不安を感じ、就職活動をするにもかかわらず、50.0%が仕事に縛られたくないと感じていた。

代表的な自律神経系兆候としての"動悸"のある者は「ニート」に強く現れる。「不安はストレスとも密接な関係あり」、「自分の力と知識ではコントロールが出来ないパニック状態が危機感を引き起こし、ストレスが身体的、情緒的、思考、そして身体の健康に大きな影響を与える。"不安感"のある者は『フリーター』であり、喜びの感情が発生しない状態の"何をしても興味がもてない"者や快感消失や興味の消失 loss of interest を示す者が『ニート』である」と北村は定義する。本調査

において「ニート」が「フリーター」と大きく違う点は、①就職意欲がなく、②就職活動をせず、③働くことに大きな不安を感じ、それを避けようとする意識が強く作用していることが明示されていた。このことから本論文では「フリーター」を「ニート」と同列には論じ難いと考えている。
「現代は慢性化したモラトリアム人間社会であり"今の職業を一生の仕事にしようと思うか？"と問われて、"イエス"と答える青年はどんどん減っている。いつでも、どこでも行ける自由＝地の利を得ていたいというわけである。このような、心理の深層には、自己定義への不安がある。現代の変動社会で自分がおいてきぼりにされてしまう不安・不審がある」と小此木は述べている。"就労の意思のない者の社会活動への駆り出し"の困難さがここでも感じられる。

表7.「失業者」「ニート」「フリーター」あるいは「その状態のない者」が、訴える主なストレスサイン

| 設問 | 「失業者」 | 「ニート」 | 「フリーター」 | 「状態なしの者」 |
|---|---|---|---|---|
| 仕事で縛られるのは嫌いである | **14.7% | **42.9% | ** 50.0% | ** 11.9% |
| 就職活動はしたくない、面倒である | * 2.9% | * 35.7% | 0 | * 13.4% |
| 仕事をすると動悸がする | * 17.6% | * 28.6% | 0 | * 4.5% |
| 仕事に不安感がある | * 41.2% | * 28.6% | * 66.7% | * 22.4% |
| 何をしても興味がもてない | * 5.9% | * 28.6% | * 16.7% | * 4.5% |

N=121　* P<0.05　** P<0.01

**調査結果4）** SOC：Sense of Coherence（ストレス対処能力・健康保持

能力）スコア

SOC (Sense of Coherence) は、ストレスに曝されながらも、健康へのダメージを受けないばかりか、時にはストレスそのものを成長の糧にしてしまう能力であり、心身の健康保持能力を測る尺度として開発されたものであり（Antonovsky, A.）、本点数の高いほどストレス対処能力が高いこととなる。ちなみに、本調査におけるSOCのスコア得点の満点は100点となり、一般の人々の平均分布は54〜58点である。

「失業者」；回答者の35.3％がSOCスコア43点以下であり、48点以下は44.1％であった。

「ニート」；回答者の28.6％がスコア48点以下であり、その値は「状態なしの者」でない者の値20.3％とほぼ同じであった。

「フリーター」；スコア48点以下が66.6％と高い分布を示していた。

**表8．「失業者」「ニート」「フリーター」ないしは「その状態にない者」のSOCスコア＊**

(%)

| SOCスコア＊ | 「失業者」 | 「ニート」 | 「フリーター」 | 「状態なしの者」 |
|---|---|---|---|---|
| 43以下 | 35.3 | 14.3 | 33.3 | 6 |
| 44〜48 | 8.8 | 14.3 | 33.3 | 20.3 |
| 49〜53 | 14.7 | 28.6 | 0 | 11.9 |
| 54〜58 | 5.9 | 21.4 | 16.7 | 26.9 |
| 59〜63 | 8.8 | 7.1 | 16.7 | 14.9 |
| 64以上 | 26.5 | 14.3 | 0 | 19.4 |

N=121、 ＊ $p<0.05$ ＊＊$p<0.01$

＊SOC：Sense of Coherence（ストレス対処・心身健康保持能力）

このことは「失業者」や「フリーター」はSOC得点が低いことから、

ストレス対処能力・心身健康保持能力の低さが推測されたものの、「ニート」は現在の生活に安住している限りは、ストレスを感じなくなっているものと推察された。

　今回の対面聞き取り調査では、前もって準備した質問を聞く形をとって回答を求めたが、その際に「引きこもり」「ニート」の青少年は、保護者の居る自宅の生活に安堵を覚え、外での対話に不安を感じ心理的に不安定になることを訴えるものが多かった。その話の中で保護者が子どもと同様、彼らが自宅に居ることで安心していると話す者も多く、親の過保護が「引きこもり」「ニート」を助長しているとの印象を受ける。

# 第5章　ストレス社会を生み出した戦後日本

第 5 章　ストレス社会を生み出した戦後日本

　現代的ストレスは構造が複雑でかつ階層的な影響が異なるものの、日本の青少年層は世界の他の国々に比してストレスフルになっていることは確かであろう。現代日本の 3 大青少年問題は「不登校」「引きこもり」「ニート」と分類される社会的孤立層の増加である。「引きこもり」「不登校」は小学生から大学生にまでに亘るストレス回避行動であり、「ニート」は高校生以上の半社会人及び社会人のストレス回避行動をさし、その対象者数の近年の増加度の著しさは、多くの公的白書に示される通りであり、彼らの共通点がある種の"社会的孤立群"であるといえよう。「不登校」児童は年齢が長ずるにつれ「引きこもり」、そして「ニート」へと移行するという問題は、今解決しないと将来に大きな社会的不安要因を生み出すことが予測される。このことはWHOが、すでに日本に対して1980年10月の「assessment of depressive disorders」で示していた。なお国際疾病分類第10版（ICD−10）のF84広汎性発達障害の中で、社会的相互交渉の障害についてローナ・ウィングが分類していて、孤立群、受動群を疑わせる、日本のSSO問題は外国の大きな関心事でもある。
　Philip Barkerは「『不登校』は不安としばしば気分の落ち込みを伴う登校渋り」であり、「社会的『引きこもり』」はストレスに対する対処がうまくいかず自分の心を「引きこもり」に持ち込む行為であるとする。厚生労働省は、家族以外と親密な対人関係がなく 6 ヶ月以上引きこもって社会参加しない状態が続き、他の精神障害が原因とは考えられない場合が「引きこもり」であるとしている。他方、ここ数年話題となっている「ニート」は、「ストレスが原因する結果であり、彼らに見られる対人関係の難しさは、中学・高校時代から始まっている」と玄田有史・曲沼美恵らが示唆している。吉川武彦は、「子どもの家庭内『引きこもり』、すなわち『不登校』を防ぐには、そのサインの早期発見によるストレス対策が重要である」とし、それが放置されるとストレスから不定愁訴、

その後に自律失調状態から身体疾患としての高血圧症や精神疾患としてのうつ病、神経症などへの自律神経失調から心気症へと移行する。

今回の調査において、小学生では「腹痛」「過食や拒食」「めまい立ちくらみ」などの自律神経系障害が強く表現され、中学生で減少し高校生で再び増加、その後、学生から成人期には減少傾向を示していた。成人においては「肩こり」「筋力低下」「腰・背痛」などの身体的症状と、「集中力・記憶力が劣化」を感じる脳疲労が表出する。このことは小中学生時代のストレス・コントロールないし教育が「引きこもり」「ニート」の防止の効果があることを示唆している。

「日本において1990年代後半よりみられる閉じこもりは、人間関係の不全や自己主張の欠如から来るものであり、この対人関係のつまずきが青少年の凶悪犯罪に繋がっている」と宗像恒次は指摘する。松弘行は「日本人は欧米に比して敵意や攻撃性は低く、会社人間が多いタイプA行動パターンを示す」とする。他方、宗像は、「生理学的には高コルチゾールのストレスがもたらす社会では扁桃体を刺激し興奮を起こし、過去に傷付いた恐れ・怒り・哀しみなどの否定的な感情を持つ、ストレス憎悪を起こしやすい」と述べている。

現代人にストレス兆候をきたす主因として、①経済、②年金、③社会、④家庭、⑤民俗文化学的背景、⑥教育問題などが考えられる。

## 1．経済および社会的雇用問題

第2次世界大戦後の日本経済は成長拡大から停滞へ、インフレーションからデフレーションへと変化し、国民は全体として戦争中の貧困から豊かさ、そして耐乏へと生きることを余儀なくされる大きなウネリの中を漂ってきた。1980年代には「一億総中流」の意識が全体の大勢を占め

第5章 ストレス社会を生み出した戦後日本

たものの、1990年代以降はバブル崩壊と表現される時代に突入し歴史的長期にわたり土地本位主義で通してきた日本経済の基盤が揺らいでしまった。

## 1−1．失業率

日本経済の盛況度を反映するのが失業率である。日本の完全失業率は（表10）スウェーデン・オーストラリア・エジプトに比し高いとはいえないものの、その実態は、高齢期の失職・失業者は再就職が困難となり、大学新卒者の就職率を押し下げるようになった。自由経済主義に立つ経済成長は失業率を押し下げる効果を示すものの、その陰で労働強化と成績至上主義を押し付け、それが国民に心理的な圧迫を強いる。その結果、社会への不信感が増大する。完全失業率は1998年より2001年にかけて4.1％より5.0％に上昇傾向を続けて、2002年（平成14年）には5.4％に達している。

1980年から1983年は、景気が不況にあり、1991年からは平成不況に入り1992年はさらに不況が悪化した年であった。なお1998年は平成不況の中でも最も悪化した経済成長の減速の時代であり、ついで2002年もゼロ成長であった。「不登校」率と完全失業率は相関を呈しているようである。失業率と一般刑法犯についても、日本の完全失業率の推移と一般刑法犯は、ほぼ同じカーブを描いていると、法務省は06年版犯罪白書を2006年11月7日公表した。ここでは96年から急増し、02年には戦後最多の285万件に達したと発表している。

## 1−2．就労状況

日本の就労状況別（2004年度）は、失業中76.9％が最も多く、ついで無職72.3％、学生67.4％、アルバイト学生63.8％、パートタイム60.2％の

順で、フルタイム61.6％は最も低い値であった。失業率を国際比較してみると、2004年度日本の青年・内閣府の統計から見る限り、統計の方法に差があるだろうが日本はそれほどひどい状況にはない（表11）。

韓国では、失業中59.6％が最も多く、ついで学生57.9％、アルバイト55.8％、無職54.5％、パートタイム51.4％の順でわずかの差であり、最少はフルタイムの48.0％である。アメリカでは失業中43.7％が最も多く、ついで無職は41.9％、パートタイム37.2％、フルタイム36.8％、学生35.0％の順で、最少はアルバイト学生の33.3％であった。スウェーデンの最多は無職68.4％、ついでパートタイム40.8％、失業中39.5％、フルタイム34.9％、アルバイト学生34.0％の順で、最少は学生の32.9％であった。ドイツでは失業中83.1％が最も多く、ついで無職75.6％、学生71.6％、アルバイト学生70.4％、フルタイム68.7％の順で、最少はパートタイムの63.4％であった。日本とドイツでは失業中、ついで、無職が多かった。

表9．日本・スウェーデン・オーストラリア・エジプトの完全失業率の年次推移

(%)

|  | 2000年 | 2001年 | 2002年 | 2003年 | 2004年 |
|---|---|---|---|---|---|
| 日　本 | 4.7 | 5.0 | 5.4 | 5.3 | 4.7 |
| スウェーデン | 4.7 | 4.0 | 4.0 | 4.9 | 5.5 |
| オーストラリア | 6.4 | 6.9 | 6.4 | 6.0 | 5.6 |
| エジプト | 9.0 | 9.2 | 10.2 | 11.0 | ―― |

総務省統計局と外務省2005年資料により作成

第5章　ストレス社会を生み出した戦後日本

**表10．就労状況**

(％)

|  | フルタイム | パートタイム | アルバイト学生 | 学　生 | 失業中 | 無　職 |
|---|---|---|---|---|---|---|
| 日　本 | 61.6 | 60.2 | 63.8 | 67.4 | 76.9 | 72.3 |
| 韓　国 | 48.0 | 51.4 | 55.8 | 57.9 | 59.6 | 54.5 |
| アメリカ | 36.8 | 37.2 | 33.3 | 35.0 | 43.7 | 41.9 |
| スウェーデン | 34.9 | 40.8 | 34.0 | 32.9 | 39.5 | 68.4 |
| ドイツ | 68.7 | 63.4 | 70.4 | 71.6 | 83.1 | 75.6 |

総務省統計局と外務省2005年資料により作成

## １－３．転職に関する国際比較

　内閣府の第7回世界青年意識調査報告書によると「職場に強い不満があれば転職することもやむをえない」者の最多は、日本で53.0％、ついで韓国が43.0％、ドイツが34.4％、アメリカが21.9％、スウェーデンが6.1％である。転職経験者の学歴別の転職率をみると（表11）、日本と韓国は転職経験者は初等・前期中等教育卒業者が高い転職率となり、高等教育になるにしたがい低い水準であった。逆にスウェーデンは高等教育に転職率が高く、初等・前期中等教育卒業者になるにしたがい低い水準であった。アメリカは、ほぼ差はなく、ドイツは高等教育に高い転職率が現れていた。なお高等教育卒業者のうち、低い水準の転職率なのは日本であり、日本は高学歴ほど離職率が低いと言えよう。

表11. 転職経験者の卒業学歴と転職率　　　　　　　　（％）

|  | 日本 | 韓国 | アメリカ | スウェーデン | ドイツ |
|---|---|---|---|---|---|
| 初等・前期中等教育卒業 | 60 | 100 | 75 | 33.6 | 44.6 |
| 後期中等教育卒業 | 45.5 | 63.9 | 75 | 65.7 | 35.6 |
| 高等教育卒業 | 32.4 | 52.8 | 68.1 | 74.6 | 50 |

18歳より24歳までの転職者：平成16年第7回世界青年意識調査報告書より作成

　転職で仕事を選ぶ際には、「社会的意義」「安定性」「将来性」「専門性」「能力向上」「労働時間」などが重要なはずである（表12）。しかし日本では転職の際にそれらはあまり考慮されず、むしろ「仕事内容」と「通勤の便」が重視される。その傾向はパートタイマーではより顕著であった（表13）。このことから日本では低学歴の人ほど転職が困難であることと、転職に際しては仕事の充実度よりも自分が通勤してできる仕事かどうか、収入が多いかどうかに価値観をおいていることになる。

表12. フルタイム就労者の転職の動機

（％）

|  | 日本 | 韓国 | アメリカ | スウェーデン | ドイツ |
|---|---|---|---|---|---|
| 収入 | 61.3 | 77.1 | 88.2 | 77.5 | 60.4 |
| 労働時間 | 38.4 | 35.7 | 70.3 | 55.3 | 41.9 |
| 通勤の便 | 36.3 | 38.8 | 34.1 | 36.4 | 39.9 |
| 仕事内容 | 64.0 | 37.0 | 51.6 | 66.9 | 60.4 |
| 職場の雰囲気 | 40.2 | 45.8 | 63.7 | 85.5 | 57.7 |
| 社会的意義 | 5.4 | 6.2 | 20.9 | 25.8 | 14.5 |
| 安全性 | 18.5 | 23.8 | 57.1 | 36.7 | 50.9 |
| 将来性 | 28.6 | 40.5 | 49.7 | 35.6 | 30.0 |
| 専門性 | 19.3 | 20.7 | 34.3 | 24.0 | 35.9 |
| 能力向上 | 17.0 | 23.3 | 53.8 | 41.8 | 40.1 |
| 自分を生かす | 27.4 | 25.1 | 40.4 | 68.7 | 16.5 |

18歳より24歳までの就労状況：平成16年第7回世界青年意識調査報告書より作成

表13. パートタイム労働者の転職の動機

(％)

|  | 日本 | 韓国 | アメリカ | スウェーデン | ドイツ |
|---|---|---|---|---|---|
| 収入 | 69.9 | 73.0 | 81.8 | 77.6 | 68.3 |
| 労働時間 | 53.1 | 56.8 | 69.6 | 60.2 | 36.6 |
| 通勤の便 | 43.4 | 45.9 | 35.8 | 38.8 | 36.6 |
| 仕事内容 | 52.2 | 24.3 | 52.0 | 54.1 | 31.7 |
| 職場の雰囲気 | 35.4 | 32.4 | 62.2 | 82.7 | 34.1 |
| 社会的意義 | 4.4 | 2.7 | 28.4 | 23.5 | 7.3 |
| 安全性 | 12.4 | 16.2 | 43.9 | 31.6 | 29.3 |
| 将来性 | 11.5 | 29.7 | 48.0 | 30.6 | 29.3 |
| 専門性 | 11.5 | 27.0 | 39.2 | 19.4 | 19.5 |
| 能力向上 | 16.8 | 27.0 | 51.4 | 28.6 | 24.4 |
| 自分を生かす | 24.8 | 21.6 | 41.2 | 64.3 | 17.1 |

18歳より24歳までの就労状況：平成16年第7回世界青年意識調査報告書より作成

## 1－4．失業と貧困

　経済が活況にあるときには失業率が下がり、不況にあるときにはそれが上がる。学生の就職は経済動向に強く連動し、1990年から2000年にかけては新卒学生の就職率は70％を割り込む状況であった。優秀大学出身者はそれでも好調な就職率を維持したものの、新設大学出身者は一流企業への就職が難しく二流以下とされる企業への就職を余儀なくされ、彼らは挫折感を味わった。なぜなら当時は**就職の失敗イコール貧困**を意味していたからである。

「富者と貧困者層の2極化」が2005年度国会での政治議論となり、当時の竹中財務大臣はその傾向を否定したものの、小泉前首相は「そのことがあっても当然である」と答弁したことがあった。資本主義体制の下では、資本を投資して利を得る経営者階層と、労務を提供することで給与

を受け取る労働者階層に2分される。利益の多寡が対投資効果の評価指標とされ、支出部門の主たる成分が人件費であり、雇用人数と給与に比例して社会保障企業負担分が増加する。このことから企業は人件費を低減化することで利益の増大を図る。経常経費としての企業負担分を少なくするために、各企業は事業動態に応じて雇用者数を調節できる非正規雇用職員（パートタイマー）比率を増加させたり、業務の外部委託を採用したり、退職金負担を減らすために永年勤続者数を減らしたりして、人件費に関わる支出を抑える。大部分の企業が株式会社の形態をとることから、利益の多い経営者が優れた経営者と評される。そして資本家としての株主は利益の拡大を常に要求する。その結果として社会には低賃金層と富裕層が出現する。

　低賃金階層に属する者は、食費や住居費などの基礎生活費に給料の大半が消え、税・保険引き後の可処分所得額が僅かとなり、余裕のある生活を送ることが困難になる。このことはジニ係数国際比較表でも知ることができる（表OECD Factbook 2006年）。OECDのジニ係数の平均値は、1980年代0.293、1990年代0.309、2000年代では0.310である。日本では1960年代から80年代にかけてジニ係数は0.2で「総中流社会」でまれに見る「良い国家」であった、しかし、1980年代中頃は0.278、1990年代中頃は0.295、1999年では0.381に上昇している。このことから所得分配の不平等化が進行していて、単身者世帯の貧困層が増加していると橘木俊詔は示唆している。そこでアメリカでは「健康格差」という問題が報告されているが、日本社会においての福祉を支えてきた担い手は、企業であり家族であったが構造的な社会の変化、財政的な問題によって今日、両者が福祉を支えることが難しく、日本も同様な問題が起きる可能性が考えられる。さらにOECD2004資料による、年齢別に見た貧困層では貧困率は18〜25歳では16.6％、66〜75歳19.5％、76歳以上23.8％、26〜40

歳12.4％、41～50歳11.7％、で18～25歳の若年の貧困問題がある。とりわけ「フリーター」と「ニート」の問題がある、「フリーター」の平均年収は140万円であり、一般的なライフスタイルである家族を持ち、子どもを持つことは難しく、さらに「ニート」は所得を得ていないので「フリーター」以上に深刻で、今後、彼らは一気に貧困層へと転換するという深刻な事態が推測される。

　資本主義体制では、利益の社会的再配分の適正化が貧富の差を縮小させうるものであり、この配分方式は国家施策により決定される。2000年頃までは「日本は世界で最も社会主義的な国であり、貧富の差の無い国である」と言われていた。そこには社会福祉の拡大があったものの、その影には景気刺激のための国家財政上の借入金の増大が存在し、2006年度にはその借入金は総額800兆円を超えるまでに達した。国は借入金削減のために消費税などの新税導入、所得税課税基準の引き上げなどの形による増税、地方交付金の削減を図るものの、借入金総額が減少する兆は見られない。勿論、国際的には教育費の国の支出は低下傾向を示している。

表14－1．ジニ係数表

| ジニ係数 | 世帯員数で調整された世帯可処分所得OECD全体24カ国（平均0.309） |
|---|---|
| 0 | 完全平等 |
| 0.1～0.2 | 相当平等だが、向上する意欲が見られなくなる心配が存在する |
| 0.2～0.3 | 社会一般にある通常の配分型、競争の中で向上する意欲を生む |
| 0.3～0.4 | 少し格差が広がってくる |
| 0.4～0.5 | 格差がきつい |
| 0.5以上 | ごく一部に富が占有され、大多数は生活を疎外される |
| 1 | 完全不平等 |

表14－2．各国のジニ係数

| 0.2～0.3 | デンマーク0.225、スウェーデン0.243、オランダ0.251、オーストラリア0.252、フィンランド0.261、ノルウェー0.261、スイス0.267、ベルギー0.272、フランス0.273、ドイツ0.277 |
|---|---|
| 0.3～0.4 | カナダ0.301、スペイン0.303、アイルランド0.304、オーストラリア0.305、日本0.314、イギリス0.326、ニュージーランド0.337、アメリカ0.337、イタリア0.347、ポルトガル0.356 |

1990年OECD .Income distribution and Poverty in OECD Countries in the Second Half of the 1990s, 2004

第 5 章　ストレス社会を生み出した戦後日本

**表15．国家の教育費**

国内総生産に対する　　　　　日本の文教費（学校教育費）*
一般総支出の比率　　　　　　　　　　　　　　　　　（％）

| | | | | | |
|---|---|---|---|---|---|
| オーストラリア | 34.9 | 日本の文教費 |||
| 日　本 | 34.0 | 児童生徒数 |||
| 韓　国 | 27.5 | 平成元年 | 平成14年 | 元年〜14年 |
| ニュージーランド | m | 2097万人 | 1513万人 | 28％減 |
| スウェーデン | 57.2 | 文教費（学校教育費） |||
| ドイツ | 47.0 | 15.9％ | 19.3％ | ＋21％増 |
| アメリカ | 32.7 ||||

・**失業者の増加**（失業率と小中学校生徒の「不登校」者率の関係）（図8）
「不登校」者率は1978年（昭和53年）から1982年（昭和57年）において、小学生では0.03％、中学生は0.21％から0.38％であった。完全失業率は、1981年（昭和56年）と1982年（昭和57年）にはそれぞれ1.2％と1.1％であった。

　1983年（昭和58年）の社会現象として、文部省は高校の校内暴力の調査を発表、この年から1990年（平成2年）のバブル現象の露呈までは、小学生の「不登校」者率は0.03％から0.09％に上昇した、中学生は0.42％から0.75％に上昇した。完全失業率は、1983年（昭和58年）と1990年（平成2年）には1.9％から2.1％で、そのうち1987年（昭和62年）と1989年（平成1年）は2.8％と大きく上昇傾向を示した。

　1991年（平成3年）には社会現象として大手証券会社の巨額損失問題が露呈し、1997年（平成9年）は消費税5％、日産生命破綻、日銀法・独禁法改正、北海道拓殖銀行破綻、山一證券自主廃業、臓器移植法成立があった。この年代には、小学生の「不登校」者率は0.14％から0.26％

に上昇した、中学生では1.04％から1.89％まで上昇傾向を示した。

　1998年（平成10年）には栃木県の中学生が学校で教師を刺殺、公立中高一貫教育へ教育改正、GDP実質成長率マイナス成長と発表、6月に完全失業率が4.3％と発表された。2001年（平成13年）は、不況長期化と企業の合併再編、リストラと失業、環境問題の深刻化が現れて、小学生の「不登校」者率が0.34％から0.36％に上昇した。中学生では2.32％から2.81％に上昇している。

　高校中退率と小中学生の「不登校」生の関係で高校中退率は1982年（昭和57年）から2002年（平成14年）までは2.3％よりわずかに上昇して2.6％であったが、年度別では高校中退者率の顕著な変化は認められなかった。なお年度別の小中学生の「不登校」者率との相関も認められなかったといえる。

図8.「不登校」者率と完全失業率・高校中退率の推移の関係

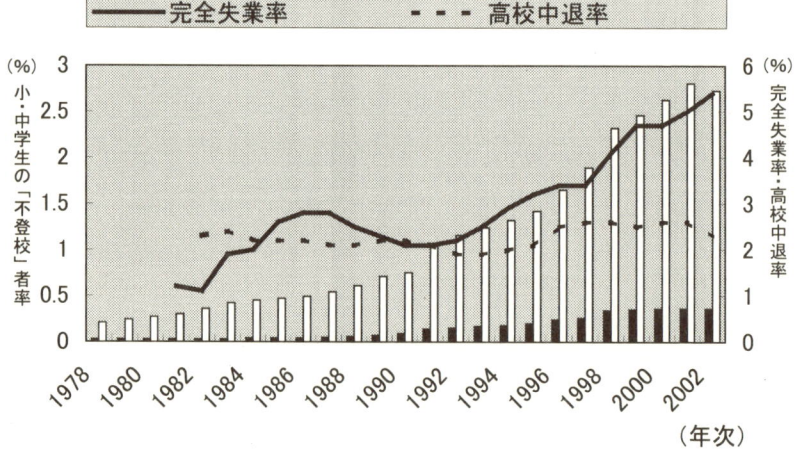

総務省統計局、文部科学省基本統計調査により作成

## 1-5. 年金・福祉などの社会保障制度

　1994年世界銀行は「世界開発報告；年金システムへの投資」として次のような提言をおこなっている。年金には貯蓄、所得の再配分、保険という3つの機能があるが、大抵の国ではこの3つの機能を一緒にした上で、それら機能を支配的な公的制度に担わせている。しかし、こうした（渾然一体的な）制度は初期には比較的うまく機能するものの、人口構造が高齢化していくにつれ重い負担を後の世代に課すものとなってゆき、高い醵出はむしろ「税」として受け止められるようになる。このことは制度の加入拒否につながる。加えて、所得再配分機能そのものに着目しても、結果的に、先行世代の富裕層が再配分の受け手となり、逆に後の世代の中ないし低所得層が再配分を与える側に回るといった意図せざる結果が生じる。このことは公的年金制度が所得比例的な給付構造であるほど顕著になる。

　広井良典は日本の年金制度の特徴を、①ドイツ型の職域・所得比例型のシステムとして出発し、普遍主義的方向への志向のもと、イギリス、北欧型の基礎年金の導入に踏み切ったこと、②国民年金・厚生年金ともに保険者が国自身としてなったこと、③高度成長期と人口転換期が重なり、若い国のまま経済成長ができた半面、高齢化のツケを後に回してきた面があるものの、貯蓄／保険／所得再配分の渾然一体性をとっているものの機能していない、と指摘している。「年金はその全てを青年層が負担している」との基本的な誤解がある。年金は、年間給与に応じて多額の納付をしてきた積立金を、積み立て者である本人が退職後にそれを分割して受け取っているのであり、当然受け取る権利がある。しかし、政府がこれまで積立金管理を適正に行わず、全てを適当に浪費してしまったツケが、今の年金問題を引き起こしていることを国は頬かむりして

いる点にあることを、国民はきちんと認識すべきである。2006年度において、東京23区内に住むものの場合、長年に亘り年金を政府に納めてきた高齢者の国民年金の満額受取額が66,000円であるのに対し、年金を納付してこなかった生活保護者の受け取る金額は81,000円と国民年金より高額であることの矛盾から、就労しなくても年金を納付しなくても最低生活が保証されるとする安易な考えも、潜在的な「ニート」ないし「引きこもり」への動機付けになっている可能性があることは否定できないだろう。

　平成18年現在、年金問題だけでなく租税・介護保険・健康保険において控除基準を引き下げられ、実質的には低所得者が納税・年金納付者となり高齢者は僅かな年金から多額の公租公課を支払わざるを得ない。年金の納入に比して受給者となっても過大な納入義務、「納付しても結局は年金をもらえずに苦しむだけの未来」のみが待っている社会に、青年たちは何を期待しているのだろうか？

　世界銀行の指摘の通り2005年度現在、年金が将来の貯蓄とならず、むしろ支払い者として国に利用されると考え、またバブル経済崩壊期に国による積み立て年金の無駄な消費が問題となったことから、年金不払い者が増えてきた。国としては少子化が重荷となり、年金制度の将来存続すら危惧されている。医療福祉行政は場当たり的であり、外交は全方位外交と呼ばれる軟弱なものとの印象が強く、国家として百年の計のあるビジョンが感じられない。このような国家施策に対し、若者層の国家行政に対する失望と不信感が増幅し、彼らに「将来への夢と希望」を失わせる社会的要因のひとつであることは間違いない。

## １－６．国家不信と社会不安

　国民にとって政治家は「最高の権威」であることは間違いない。しか

し、江戸時代以来の伝統としてのビューロクラフト型政治体系を基本とする日本国は、「行政は誤りの無いものである」とし、その誤りによる行政責任の回避のためには精力的に防止に努める。誤りを国の責任としないために、実効性の伴わない通達・通知を乱発する。通達は出すが実行のための金は出さない方式をとる。国家責任を回避するための法律の朝令暮改は常となっている。米国偏重の場当たり外交は、国民の共感を得ていない。2006年前後の近隣諸国と日本との関係悪化は国民感情に不安を与えている。政治家や役人の収賄事件が毎日のように報道される。この世相を子どもたちは敏感に感じ取るが、彼らはそれをどうすれば良いか分からないが、ココロの中に政治不信を募らせている。

　社会不安に対するココロの反応を知る指数として有用なのは自殺者数と犯罪者数である。日本の自殺者数は年々増加し、2006年度には3万人を超えると予測されている。2005年WHO報告によれば、世界主要国の過去5年の人口10万人当たりの自殺率は、リトアニア（03年）の男性74.3%、女性13.9%がトップ、ロシアの男性69.3%、女性11.9%が第2位（02年）、ついで日本の男性33.2%、女性12.8%であり（02年）、それに続くのがフランス（男性26.9%、女性9.1%01年）、ドイツ（男性20.4%、女性7.4%01年）、以下米国、中国、インドの順となっている。これもまた世界の中で非常に高い率である。

　日本での自殺の原因は、全体としては生活苦や失職、家族との死別などのライフイベントが主であるのに対し、青年の場合のそれは進学や就職の失敗や失恋、世の中がいやになったなどが上位の原因であり、児童生徒の場合は親に叱られた、友達と揉め事があった、試験の成績が悪かったなど身近なことが原因となっている。自殺する手段は1960年ごろまでは薬物服用であるのに対し最近は縊首が上位を占めるものの、飛び降りの率が増加傾向にある。自殺を考える子どもは、相談できる家族や親

友がなく、淋しがりやで内向的性格であることが多い。そして自殺する者は、自殺行為の前に性格の変化、対人関係の変化、睡眠障害が出て、家族ないし友人に対して何らかの予告メッセージを伝えることで救いを求めることが多い。

　かつて「日本は世界一安全な国である」とされていた。しかし経済バブル期以降は町の治安が悪くなり犯罪が増加の一途を辿った。社会からのはぐれ者となった子どもが繁華街にたむろし犯罪を重ね、犯罪若年化の傾向が加速した。同時に外国人犯罪が増加した。非行少年に分類される18歳以下の犯罪のきっかけは、理由がはっきりしなくて発作的で凶悪なものが多い。自分の中に不満が鬱積し、それが知り合い、友人、家族などの言動に誘発されて爆発した形として表れると橘木は述べている。

　安心して外出できない町にでることを嫌う子どもたちは、自宅にこもることで安住の場を得ようとするようになった。安心できない社会での自殺や犯罪の増加は、問題解決の手がかりすら見つからない夢なき社会へと向けられたものであり、現在の日本社会にその責任が無いとは決して言えない。

## 1−7．女性の雇用問題

　戦後日本の経済成長は、女性の社会進出と地位向上に大いに貢献したとされる。しかし女性の社会進出は決して喜べたことではなく、自由経済社会の低労働の担い手として歓迎された結果であり、そのことは2005年現在でも女性賃金や管理職比率に関する統計報告がその現実を如実に示している。

　女性管理職、「係長相当職」以上の管理職に占める女性の割合はいずれも1割に満たない。「係長相当職」以上の女性管理職がいる事業所の割合は全体の67.5％であり、管理職に占める女性の割合は一番高い「係

長相当職」でも9.0%と1割に満たない。

表16. 女性の平均賃金及び企業における女性管理職の占める比率

(％)

|  |  | 1989年<br>平成1年 | 1992年<br>平成4年 | 1995年<br>平成7年 | 1998年<br>平成10年 | 2000年<br>平成12年 | 2003年<br>平成15年 |
|---|---|---|---|---|---|---|---|
| 女性平均賃金 | | | | | 3,453,500 | 3,498,200 | 3,490,300 |
| 女性管理職比率 | 係長 | 5.0 | 6.4 | 7.4 | 7.8 | 7.7 | 8.2 |
| | 課長 | 2.1 | 2.3 | 2.0 | 2.4 | 2.6 | 3.0 |
| | 部長 | 1.2 | 1.2 | 1.5 | 1.2 | 1.6 | 1.8 |

- 「女性雇用」率と小・中学生の「不登校」率（図9）

　1985年から1990年にかけての中学生の「不登校」率は0.47%から0.75%と0.28%上昇している。小学生においては0.04%から0.09%と0.05%の増加であった。一方、女性の雇用者数の割合も「不登校」率と相関があり35.9%から37.9%と2%の上昇を示した。

　1990年から1995年の中学生の「不登校」率は0.75%から1.42%と0.67%増加の傾向があり、小学生では0.09%から0.2%と0.11%の増加を示している。一方、女性の雇用者数の割合も37.9%から38.9%と1%の上昇を示して「不登校」率と相関がある。

　1995年から2000年の中学生の「不登校」率は1.42%から2.63%と1.21%の増加傾向にあり、小学生では0.2%から0.35%と0.15%の増加を示している。一方、女性の雇用者数の割合も38.9%から40%と1.1%の上昇を示して「不登校」率と相関がある。

　2000年から2001年の中学生の「不登校」率は2.63%から2.81%と0.18%の増加傾向にあり、小学生では0.35%から0.36%と0.01%の増加を示

している。一方、女性の雇用者数の割合も40.0%から40.4%と0.4%の上昇を示して「不登校」率と相関がある。1980～1983年の景気は不況であった。なお1991年より平成不況に入り現在に至っている。

図9．小・中学生の不登校と雇用に占める女性の割合の推移

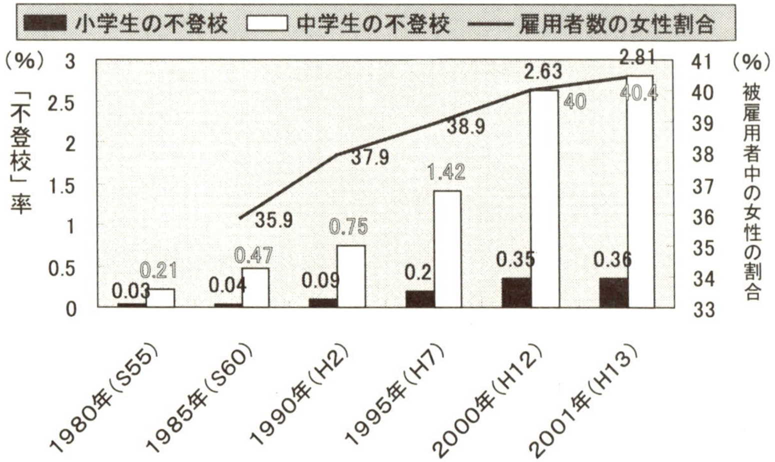

2002年度文部科学省と総務省「労働力調査」より作成　　**P＜0.01

## 1－8．ホームレス

　社会集団の中で孤立化を余儀なくされ、疎外されたホームレスの人々の日常生活は、社会福祉支援の必要性から避けて通ることの出来ない関連事項である。以下、この問題を「引きこもり」と完全失業率、世界の「ホームレス」を参考にして、論じておきたい。

　イギリスで1977年に成立したホームレス法は、広い意味でのホームレスは単に住む家がないということではなく、人々の必要に応じた住居が確保されないという意味でのホームレスである。この場合ホームレス者は合法的に占有する資格のある住居（accommodation）を持っていないことと定義され、「ホームレスであるか、ホームレスの脅威にさらされ

ている」事が明らかにされなければならないということである。

　アメリカでは家庭や社会が、若者に自立を強く求める伝統があり、青年に達した若者が学校にも行かず、仕事もせずに「引きこもる」ということはなく、家から追い出してしまい急速にホームレス化している事になると小田晋は述べている。

　なおアメリカのホームレスとはシェルターを夜間利用する人々と、経済的な理由で他の家族と同居する人々も含め、野宿をしていない場合でも安定した住居を欠いている状態の人を、1987年に制定されたマッキニー・ベントー・ホームレス援助法（The Mackinny-Vento Homeless Assistance Act）はさしている。政府はホームレス者にまず食料支援、ついで住居の支援をしている。この対策には緊急食料およびシェルタープログラム、一次宿泊所、職業訓練、医療プログラム、教育プログラム、支援住宅プログラムなどホームレス支援のための包括的な内容からなっている。

　日本のホームレス者は世界の保健機構における健康の定義（The constitution of the World Health Organization）や日本国憲法の生活権から離れて、完全に排除された、野宿者となっていることに注意すべきである。そのことは社会から、大きく排除されているSocial Exclusionと考えられるところである。

## ホームレスと完全失業率（野宿者と完全失業率）について（図10）

　ホームレスと完全失業率の関係において、完全失業率は1991年から2001年の10年間で、2％から5％へ、さらに2003年には5.3％へと上昇を示している。ホームレス者においても1991年には20,451人であったが、2001年には24,090人と3,639人の増加の傾向を示している。2001年から2003年の2年間では完全失業率は5％から5.3％の0.3％と増加を示し、

ホームレス者は2001年の24,090人から2003年のわずか2年間で25,296人に増加の傾向を示している。このことからも、完全失業率とホームレス者の間に相関があるといえる。

**図10. 野宿者と完全失業率**

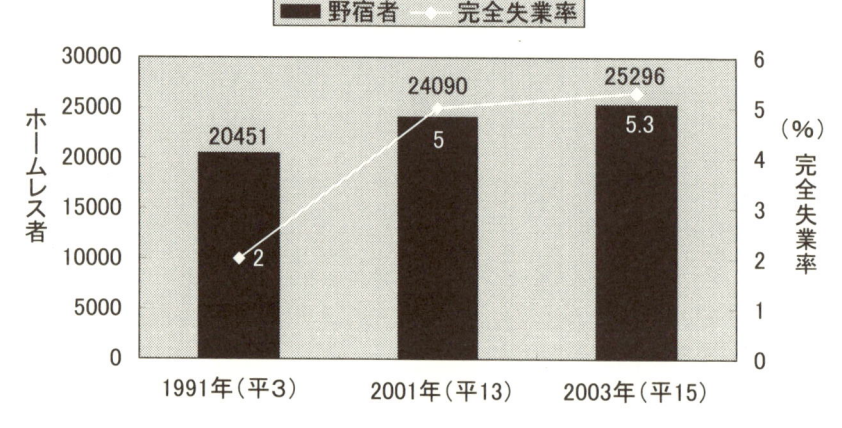

[野宿者（棒グラフ）／完全失業率（折れ線グラフ）
1991年（平3）：20451人、2%
2001年（平13）：24090人、5%
2003年（平15）：25296人、5.3%]

2002年度文部科学省と総務省「労働力調査」より作成　　**P＜0.01

## ホームレス者の生活の質について

人として「生きる」中核は自立した生活と生活圏を持ってQuality of life（QOL）とりわけ、生命・生活・人生の質をさしているが、労働・家庭生活・趣味・文化活動・レジャー・スポーツなど多元的に及んでいる。この問題にとどまらず、自己決定権や労働の意義も大きく重視されている現状である。

全国のホームレス者の生活場所は「公園」が48.9%、「河川敷」が17.5%である。なおホームレスになってからの期間は「1年未満」が30.7%、「1～3年未満」は25.6%、「3～5年未満」は19.7%である。ホームレス者の64.7%は仕事をしており、その主な内訳は「廃品回収」が73.3%

で、身体に不調を訴えている者は、47.4％と高率である、この基本的なホームレス生活の質として、とりわけ住環境と食事は劣悪である。全国で25,296人の内、最多は大阪府の7,757人、次いで東京都の6,361人、愛知県は2,121人であり、平均年齢は55.9歳である。（平成17年度の厚生労働白書）以下は平成15年大阪あいりん地区の医療センター入院者男子120名に聞き取り調査を実施した結果である。

　平成15年度の食生活と住環境の調査において、炊き出しについては、「炊き出しを利用する」者は、ホームレス者（29％）は、ホームレス以外者（13％）より多く、一方「利用しない」者はホームレス以外者（45％）はホームレス者（14％）より多かった。

　平成16年度の大阪あいりん地区の医療センター入院者男子120名への聞き取り調査では、「食事を一食も食べられなかった日が1週間に何日ありましたか」という質問に対し「0日」と回答した人は「ドヤ・アパート」生活者では95.6％、「飯場・施設等」生活者は約85％であった。

　これに対して「野宿者」では半数の者が「1日以上」と回答した。「4日以上」と回答した人も4.2％であった。「簡易投宿者」では1日1食は必ず何かを口にしていたのに対し、「野宿者」の約半数の人は1日以上何も食べられなかった日があったことが示された。

　蛋白質（卵・肉・魚類）食品を「毎日摂取」出来る者については、ホームレス者は低く、ホームレス以外者は多く、一方逆に「週に5〜6日」食べていない者と「ほとんど食べられない者」は、ホームレス者（32％）は、ホームレス以外の者（24％）よりも多かった。なお、週あたり3〜4日摂取する者はホームレス者とホームレス以外者ともに極めて多かった。

　規則正しい食生活について、「規則正しい生活している」、「まあまあ正しい」を加えると、ホームレス以外の者（34％）は、ホームレス者の

（9％）より多く、一方逆に「少し不規則」と「全く不規則」では、ホームレス者（33％）は、ホームレス以外の者の（25％）より多かった。

　野宿者、ドヤ・アパート生活者、飯場生活者は、日本人の栄養摂取基準量と比較すると極めて低く、蛋白質や脂質も飯場生活者、次いでドヤ・アパート生活者、野宿者の順に低くなっていた。

　大阪市のホームレス者の死亡調査では、野宿生活者の死亡の16％が栄養失調や餓死または凍死によるものであり、死亡時の所持金が少なく、極度の経済困難の中で低栄養状態をきたしていることがわかっていた。今回の聞き取り調査の中で、炊き出しを利用していて、1～4日以上、一日に一食も食事を取ることが出来ない者は、蛋白質類の摂取量が極めて低い傾向にある。日本人の食事基準と比較すると蛋白質・脂質は飯場生活者、ドヤ・アパート生活者、野宿者の順で低栄養の傾向にあった。

表17．蛋白質・脂質の摂取状況

| 日本人食事基準<br>（30～69歳男） | 野宿者（男） | ドヤ・アパート<br>生活（男） | 飯場生活（男） |
|---|---|---|---|
| 蛋白質　70～65<br>脂　質　20～25 | 35.7<br>30.8 | 49.4<br>34.7 | 60.9<br>55.3 |

　日本では「引きこもり」と「ニート」「ホームレス」は現代の一連の社会問題であると考えられる。

　しかしイギリスでは「引きこもり」を家族が許容しなくても社会が福祉というかたちで「引きこもり」を抱え込んで「ニート」としているのである。イギリスの「ニート」は家族の問題にとどまらず社会全体の問題になっている。

　日本ではアメリカ、英国よりも支援は遅れた状態と考えられる。

## 2．家庭問題（親の生活習慣と家庭崩壊の連鎖）

　第2次世界大戦後もしばらくは青少年たちにとって家庭は最も安全で安心できる場であり続けた。日本人は自己の失敗を「恥」と考え自分を心の中にしまいこむ習慣があることから、失意のココロに対して、支えとなり励ましてくれるのが家族である。特に両親は他にかえがたい擁護者であった。しかしながら、男女同権、性の開放、女性の経済力・社会力の向上に伴う、女性の家庭内不在をもたらした結果、シングルマザーや離別家庭が増加した。子どものこころを強く傷つける原因のひとつは「家庭内不和」であり、「家庭内不和」は別居や離婚を招く。「DINKS (double income no kids)」は夫婦共に収入を得て、子どもがいないことで現在生活を享受する方法として若者たちに受け入れられ、少子化を助長する。それらの結果として現代日本は核家族化していること、少子化の傾向に歯止めがかからないことは、各種統計からも明白である。さらに産業構造の変化や交通・通信手段の高速化が遠隔地に勤める赴任を常態化させた。社会に期待を寄せず、社会性を失い、一人でひっそりと暮らす住環境を人為的に作りだしている。

　幼児虐待や性的暴行などのドメスティック・バイオレンス（DV、家庭内暴力も近年の大きな社会問題のひとつであり、その数も年々増加している）。DV統計を紐解くと（表18）、その背景に両親の家庭的ないし経済的問題があるだけでなく、幼児期に虐待を受けた経験のある親の比率が高いとされる。虐待については連鎖すると一般的に示唆されているが、対人関係のあり方にもルック（Rook K）は連鎖の影響を示唆している。被虐待児には虐待を受けたイベントがPTSD（外傷後ストレス症候群、トラウマ）として脳裏に残る。憂慮されるのは、貧困・低教育家庭に育っ

た家庭の子は、DVを受けやすいとの報告である。

表18. 離婚率と家庭内暴力、家庭の子ども数・家庭内暴力発生件数

|  | 1980（昭55） | 1990（平2） | 2000（平12） | 2004（平16） |
|---|---|---|---|---|
| 結婚率 | 6.7 % | 5.8 % | 6.4 % | 5.72% |
| 離婚率 | 1.22% | 1.29% | 2.10% | 2.12% |

厚生労働省：平成16年人口動態統計月報年計（概数）の概況

　上記の事項の被害者となったのが児童たちである。社会進出した女性たちは、社会環境の整備の遅れのために、子育てに時間をとれない状況に立ち至った。少子化で兄弟がいない家庭が多く、子どもたちは親のいない家の中で、一人で遊び食事をせざるを得ないようになった。間接的育児放棄の状況である。子どもの一人での外出は危険であり、子どもたちは家の中で、自分自身で満足できる過ごし方を見つけざるを得なかった。これも「引きこもり」要因のひとつとなる。

　対人関係の「マイナス」に評価されるのは、肯定的な機能が欠如している場合のみでなく、ルック（Rook K）が指摘するごとく、対人関係のあり方が「積極的で否定的な機能を有する場合」もあることを注意しなければならない。

　不健全な生活習慣を持っている親に育てられている子どもは、親の生活習慣をモデリングすることによって、自身の健康のリスクを高めたり、反社会的行動を有する所属や事故、事件による怪我や死のリスクを高める。速水らは、親の欲求が子どものキャパシティを超えて躾をしてしまう危険性を指摘している。

　子どもは成長過程でのさまざまな競争に打ち克つ事で自分を向上させうるが、その過程で失敗や挫折を数多く経験する。学業重視の現代社会

では、良い学校、良い会社を目指すための「塾通い」が常態となり、子どもが地元で友達を作りにくい環境を作り出す。子どもは「早く大人になりたい」と思い、大人の行動を真似る。その行動表現の代表的なものが性行動である。医学的性徴発現は体内に性ホルモンが増加する10歳から12歳に始まり、異性に対する関心が非常に強くなる。子どもたちは性行動の実践を同性の友達に示すことで、自分がより大人に近くなっていると錯覚する。男性が暴力を振るうこと（強さを示すこと）で「男性らしさ」を、女性は化粧をすること（やさしさを行動で示すこと）で「女性らしさ」を誇示するようになる。この誇示行動は、よき子孫を残すために下等動物の雌雄獲得競争に見られる原始的挙動と共通するものである。過剰な性行動の反動として、学業への意欲は減退し、学校での学業成績は下がって優秀校への進学は不可能となり、ドロップアウトし競争社会から落伍してゆく。

## 3．民族文化的背景（精神的支柱としての宗教）

　ヒトの生活満足度や生きがいや自信は、社会生活の充実度により影響されると同時に、個人の価値観や宗教観に強く影響される。人間は、自然が人間の力を超えた大きな力として現れるときに、宗教的な感情をもったり宗教的行動を起こす。組織や機会をきらうことで不安が増幅され、確かな見通しの持てない社会状況の中で個人の精神的支柱である伝統的宗教価値観が崩壊する。その流れのなかにあって、精神的安定を願う人々は、超合理的なものを求め神秘的行動や現世利益的宗教行動へと駆り立てられる。宗教への傾斜を強めさせている理由は、社会の生活への自信や満足感は、物質的充足だけでは得られるものではなく、精神的充足意識がそれに加味されるからであろう。

第2次世界大戦前の日本には隣組組織やムラ組織が存在し、それが共同体としての共済機構として機能してきた。それが経済発展に伴う東京への政治経済の一極集中により人口の都市移動、地方の衰退が顕著になり、地元で生活できなくなった労働者は都市部にある狭い部屋に住まざるを得なくなり、家庭内は核家族化した。その結果、地域社会での連帯意識が希薄となり、各人が共同社会の一員であることを忘れてしまった。2000年以降の巨大スーパーマーケットの繁栄の傍ら、地元の人たちが触れ合いの場として馴れ親しんできた地元商店街は衰微し、店を閉めてしまった。日本国中が特徴のない変哲さのない寂れた町となってしまった。心を和ませる故郷がいつの間にか消えてしまったことで、若者たちが育った町を愛せなくなってしまった。

　日本社会は何らかの支障がある家庭に対して、それは個人ないし家庭問題であるとし、また他人の揉め事に巻き込まれたくないとして、干渉することを極端に避ける傾向にある。進学・就職に失敗したり、問題があったりする家庭に近所の人が手を差し伸べることなく、逆にその家庭を避けるようにし、結果として問題家庭の社会的隔離を増長させている。

　NHKの「現代日本人の意識構造」(NHK出版、第6版)(図11)において1973年より2003年における、神仏における信仰と宗教的心の表れ方調査には日本人の最近の宗教心への特徴が表れている。「仏を信じている者」は、1973年では47％、その後1983年は44％と減少の傾向を示して、1988年では45％と上昇傾向にあり、その後1998年と2003年は39％と減少を示している。「神を信じている者」は1973年では33％で、1983年は39％と上昇したが、2003年には31％と減少している。「あの世、来世を信じている者」は1973年では7％であったが、その後1993年まで13％と上昇を示したものの、1998年では10％と減少して、2003年には11％である。「宗教、信仰は信じていない者」について1973年では30％、1983年には

23％と減少の傾向を示し、1988年には26％、1993年は24％、1998年には30％と上昇を示し、2003年では26％であった。

1970年代に「宗教回帰」が生じたのは、オイルショックを契機とした経済的大変動が、高度経済成長時代の「ものの豊かさ」重視から「こころの豊かさ」重視へと人々の生活態度を変化させたからであり、さらに「高度経済成長の鬼子ともいうべき公害問題に触発された科学的合理主義に対する不信」が人々を「宗教回帰」へと追いやったと石井研士は述べている。NHKの調査においても「宗教を信仰している」人の調査結果から、顕著に現世利益を求める傾向を指摘している。戦後日本の宗教の低迷傾向は、「家の宗教」としての仏教の衰退であり、日本人青年層の精神的脆弱性が、キリスト思想を支柱とする欧米と異なり、国内の宗教が相補していない点を指摘できよう。

図11. 日本人の宗教感覚

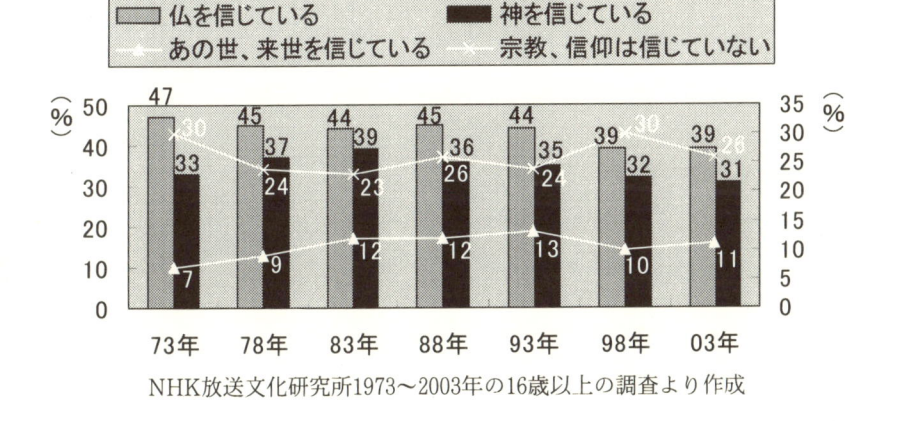

| 年 | 仏を信じている | 神を信じている | あの世、来世を信じている | 宗教、信仰は信じていない |
|---|---|---|---|---|
| 73年 | 47 | 7 | 30 | 33 |
| 78年 | 45 | 9 | 37 | 24 |
| 83年 | 44 | 12 | 39 | 23 |
| 88年 | 45 | 12 | 36 | 26 |
| 93年 | 44 | 13 | 35 | 24 |
| 98年 | 39 | 10 | 30 | 32 |
| 03年 | 39 | 11 | 26 | 31 |

NHK放送文化研究所1973〜2003年の16歳以上の調査より作成

## 4．教育問題

　学校教育は近代社会維持と成長の基盤となる。子どもたちに対する教師と養育者の正しい指導が教育の効果を高めうる。教師が熱意を喪失し自己責任を集団責任にすり替え、サラリーマン化していることを指摘する声もある。しかし養育者が教育に関心をもち、流行に振り回されて競争の原理を教育に持ち込み、子ども自身の欲求やニーズを理解することなく、達成動機の低い子どもたちに対して自立を強制することが逆効果となりより依存的にさせ、子どもと親にストレスをもたらしているのではないかと考えられる。

　桜井と高野（1985年）は、内発的動機づけの発達において、好奇心や挑戦は、小学校の高学年になるにつれて抑制されてしまう。これは評価が重要視された結果、学習の過程よりも結果として高い達成を遂げることに重点が移るとともに、失敗の経験が蓄積され、自信を失うこと、本人の興味と必ずしも一致しない目標が設定されていることではないかと、堀野緑は述べている。子どもに夢と希望を与えない現代教育の問題は、次章で詳細に検討することとする。

# 第6章 「不登校」「引きこもり」の変遷と国の対応

## 第6章 「不登校」「引きこもり」の変遷と国の対応

　日本人には、自分と同じでない他者に対して関心を示し、他者との違いを自己形成の糧にできないでいる集団思考型の者が多い。ここに「三無主義（無関心、無感動、無気力）」で事なかれ主義、そして精神的に未発達な若者が現れる素地がある。北海道立教育研究所の1994年報告によると、"「不登校」者の人間関係の希薄さは、非社会的行動として表され、怠学者は反社会的行動を表現する"とある。子どもたちは、「子どもは親から離れること」や「学校の成績や試験におびえ」て不安になる。思春期の者は「異性との関係」に不安を感じる。成人になると「対人関係の軋轢や摩擦」「職場での評価や将来の不安感」は、必然的にストレスを増大し、パニック状態に陥る事につながる。このコントロールのきかないアイデンティティの破綻状態は、蒸発・錯乱・パニック（心理的恐慌）状態をあらわにし、精神的および身体的兆候が強く発現する。「西洋という地盤においてのみ」現れた「合理的」に次世代育成をしようとする思想が近代教育思想であり、まず子どもを一個の人格とみなし、その個としての子どもの内面に向かって合理的に作用を及ぼそうとする技術が教育である。その目的は、一人ひとりの子どもを社会の進歩発展の担い手に育てることであり、子どもの自己実現を助けることである。現代の子どもたちは、「物質的に恵まれているものの、対人関係を避けて内的に向かう状態」の「不登校」者と、「忍耐力や感情のコントロールに欠け、道徳意識に欠け、生きがいがないというように、心理的な側面で育ちそびれ」がある外的逸脱型の怠学者に分けられ、ともに人間関係にきしみが出てきて、人間の心が病み人間疎外が表れる（表19）。

**表19.「不登校」と「怠学」の相違**

| 項　目 | 神経症的登校拒否 | 怠学 |
|---|---|---|
| 意　識 | 学校へ行かねばならないことを強く意識しているにもかかわらず、登校できない葛藤状態にある。 | 学校に対するよりも、校外での遊興的なものに関心が高い。一人でいるときよりも遊び仲間との結びつきを求める。 |
| 休んでいるときのようす | 一歩も外へ出ないことが多い、昼夜逆転の生活をするなど、一見、怠惰な生活を送る。対人的接触を嫌う傾向がある。 | 家庭に定着せず、繁華街やデパートなどを歩き回る。服装や態度が乱れ、落ち着きのない生活を送る。 |
| 性　格 | 一見、よい子が多い。几帳面で完全癖の傾向がある。過敏、心配性で固着傾向がある。自己主張があまり見られない。反抗的で強情な面がない。 | 衝動的、反抗的態度、社会的外向、客観的欠如などの傾向があり、しばしば学校の規則に違反するなどの行動が見られる。 |
| 学業成績 | 学業成績が中位より高いことが多い、学習態度がまじめで、努力型の傾向が見られる。 | 学業成績は下位に属し、いわゆる落ちこぼれの傾向がある。授業をエスケープするなどの、勉強嫌いの傾向が見られる。 |
| 家　庭 | 教育に熱心な家庭が多い。世話好きで期待過剰な母親、権威に乏しく無口でしかもまじめな父親、などの場合が多い。 | 家庭内に、夫婦げんかが絶えないとか、欠損家庭や崩壊家庭が多いなどの傾向がみられる。 |

北海道立教育研究所、1994年

子どもを捉える外的適応は個人の属する文化や社会的環境を意味し、内的適応は幸福感や満足感を経験し、心的状態が安定していることを意味するが、外的適応に失敗した場合には、しばしば内的適応の異常が表れる。内的適応の異常が次の外的適応を困難にするという循環的な因果関係があるとされる。こうした意味で外的に表れる怠学者と内的に表現される「不登校」者との不適応行動は全く別のものとみることはできないとされる。

## 1. 「不登校」「引きこもり」の変遷

「不登校」と「引きこもり」は一連不可分の事象であると考え（表20）、同一机上での分析を試みる研究が多い。「不登校」の言葉は1955年ごろから精神医学会で症例報告が始まり、「長欠児」「神経性登校拒否」「学校恐怖症」「学校嫌い」「不登校」などと呼ばれていた。外国では1962年にKahn. JHとNursten JPが「登校拒否（school refusal）」として発表した。その数が増加傾向を示し始めたことから文部省は1966年から「学校嫌い」の調査を開始した。平成元年（1989年）の登校拒否児は、小学生が7,178人、中学生が40,000人となり、全児童生徒数に対する割合は小学生で0.07％、中学生で0.71％となり、10年前に比し小学生で2.09倍、中学生で3.33倍に増えていた。そして平成16年頃の「不登校」の小中学生の状況は、長期欠席の小学生の半数、中学生の7割が「不登校」や「引きこもり」状態となっているとの報告が文部科学省から発表された。なお心身の兆候の表れが多くて、判断に苦慮している状況であることが発表されている。なおこの心身兆候の専門家が乏しく、この指導に教育現場では困難にさらされている状況である。

また高校、短大、大学の学校卒業後の調査によると、「ニート」予備

群と推測される若者が、大学、短大等を卒業した後、進学も就職もしなかった人数は、16万3,000人にも達し、高校を卒業後、進学も就職もしない者が13万2,000人となっている。

大学での就職率は55.0%となっている。短期大学での就職率は56.0%である。

**表21.「不登校」「引きこもり」の定義と変遷**

| | |
|---|---|
| 「引きこもり」とは状態である | 社会から疎外された人間、「引きこもり」の始めは、「不登校」である。 |
| 「社会的『引きこもり』」の定義 | 6ヶ月以上、自宅に引きこもって社会参加しない状況が続いている、他の精神障害がその第1の原因と考えにくい。 |
| 「不登校」名の変遷 | ；ずる休み truancy<br>1941年；school phobia(Johnson,A,M,)<br>1950年；「不登校」non attendance at school<br>1960年；登校拒否 school refusal |
| 「不登校」児童数 | 1975年；10,534人<br>1990年；48,273人<br>1995年：12,782人<br>2001年；139,000人　中学生：54,092人<br>2002年：131,000人（学校5日制による苦痛の軽減） |
| 「不登校」の情報 | 1992年；文部省、「不登校」はどんな家庭の子でも起こりうる。<br>1998年9月；『朝日新聞』の夕刊、稲村「『不登校』は無気力症に」<br>2000年；前半で起きた一連の事件。<br>2000年5月；テレビ朝日『ニュースステーション』、「引きこもり」は贅沢と発言した。<br>2002年9月；「不登校」問題に関する調査研究協力者会議。 |

＊神山新平は「引きこもり」について、若者に内（家庭）外（学校や職場）の社会のズレが生じて、自立では排除しきれない違和感が起き、若者がその違和感を内包している状態で、学校や職場・家庭に対しての拒絶を通じて示す行為であると定義している。

## 2.「不登校」「引きこもり」「フリーター」と失業率の関係

　児童生徒や青年は、成長過程に自己のアイデンティティを確立させて完成させるが、特に青年期はその確立にとって重要である。青年期とは、成人としての社会参加が猶予されている時期であり社会に対して自己の役割と位置付けを模索する時期でもある（Erikson, E. H.）。この時に自己の役割の認識ができず、自律規範も理想もなく、自己愛に満ち勝手気ままに生きる、言い換えればいつまでも子どもでいたいと思う青年たちを「モラトリアム人間」と呼ぶ。近年、日本の青年達は私生活を重視するあまり定職につくことを良しとしないモラトリアム人間、その表現としての「引きこもり」人間が増加の傾向にあると指摘される。モラトリアムを生活規範とすることは自己同一性の発達に困難が生じアイデンティティの保証の危機を生じさせる。以前に私どもは児童生徒の「不登校」がモラトリアム人間形成素因になることを報告してきた。ここでは、近年の「不登校」生問題の社会的重要性を考え、「不登校」生に対する社会的不安が家庭教育に影響し、その結果、その生徒の人格形成を傷害すると推論し、青年の意識調査を行い、本推論の正確性を確認することと、「不登校」問題に対する日本政府の対応を検討し、両者の関係について討論することとした。

**対象および方法：**
1. 日本の「不登校」児および失業率の現状調査；統計値調査に公開情報としての「労働白書」を利用した。
2. 青年の心身疲労状態に関する意識調査；19歳から35歳の男女学生を対象にし、表1を用いて、健康保持能力SOC（Sense Of Coherence）13

項目の（短縮版）の調査を、2004年5月に長崎・福岡・大阪の3校の大学・短大・専門学校の学生に対して約10分の回答時間で一斉に調査を行った。

**結果**

a.「不登校」者率と「完全失業率」の関連；青少年の心身疲労の蓄積が「不登校」者数や「完全失業率」に反映されると考え、社会背景として両者の関係を調査した。その結果、「不登校」者率と「完全失業率」はいずれも増加しており、両者間には正の相関が見られた（図12）。他方、「高校中退者率」は1982年から2002年までわずかの上昇を認めたものの連続的増加は認めなかった。

図12.「不登校」者率と「フリーター」数の関係

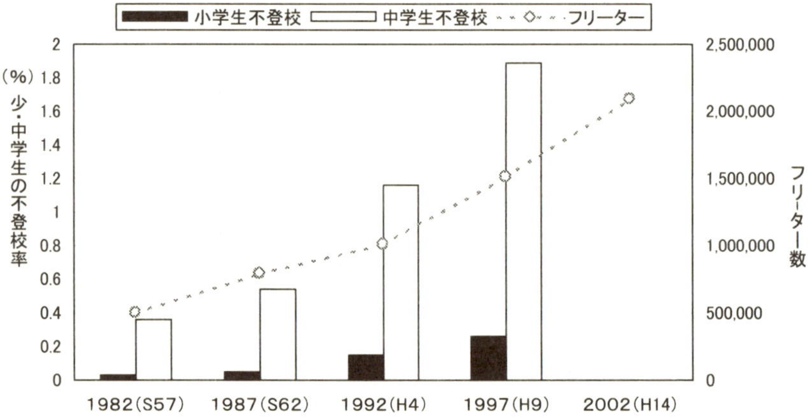

文部科学省調査と総務省統計局「労働調査による」　＊　$P<0.05$

b.「不登校」率と「フリーター」の関連（図12）：1982年から1987年の5年間で、「不登校」率を学校区分別で見ると中学生は0.18％の増加であったが、小学生では0.02％の微増に過ぎなかった。一方、「フリータ

ー」数はその5年間保健室、適応指導教室やフリー・スクールへの登校者が除外されていること、さらに全国的には都道府県ごとに増減の変化をきたしていることは、効果的な教育指導の結果とは認められず、実数上の減少傾向は無いものと私どもは考えている。しかし適応指導教室やフリー・スクールへの国の対策によって従来の上昇率は横ばい状態となっていた。

c.「**不登校」となった直接のきっかけ」**については、「学校生活に起因するもの」が36.2%、「家庭生活に起因するもの」が19.1%、「本人の問題に起因するもの」が35.0%、となっている。それぞれに含まれる事項ごとに見ると、「(特に直接のきっかけとなるような事柄が見当たらない)本人に関わる問題」(28.6%)、「友人関係をめぐる問題」(19.7%)、「親子関係をめぐる問題」(9.7%)等が多い。またこれらの推移を見ると、「友人関係をめぐる問題」の比率が伸びている。

　小中学校別に見ると、小学校においては「本人に関わる問題」のほか、「家庭生活に起因するもの」の割合が多く、中学校においては「学校生活に起因するもの」の割合が多く、「本人の問題に起因するもの」が続く。また、個別の事例では、小学校と比して中学校では「学校生活に起因するもの」のうち「友人関係をめぐる問題」の割合が高くて44.5%を占めており、続いて「学業の不振」が27.6%、「教師との関係をめぐる問題」が20.8%となっている。

　文部科学省平成13年度調査では、「不安など情緒的混乱」が26.1%、「複合(複合的な理由によりいずれの理由が主であるか決めがたい)」が25.6%、「無気力」が20.5%となっている。推移を見ると近年「複合」の割合が伸びており、「不登校」の要因や背景は複合化し多様化しているものと考えられる。

これらの統計結果から見ると、①現代青年層はストレスへの対処能力が欠如し自己責任能力が不足していること、②心身疲労の蓄積が「不登校」者や完全失業者を増加させ、③「不登校」は子どもたちが親の監督下から遠ざかる中学生時代に増加し、その傾向は女子に強いこと、④現代青年層は自信がなく、処理能力が不足していることが言えよう。2004年現在、「フリーター」（young people having no permanent job）の増加が社会問題となり、その要因のひとつとして、求職意識があるにも関わらずモラトリアム心理が若者に蔓延していて、それに雇用状況の悪化が加わり、慢性的に定職獲得の機会が減少したためであり、問題解決に

図13. 不登校率と完全失業率・高校中退率の年次推移

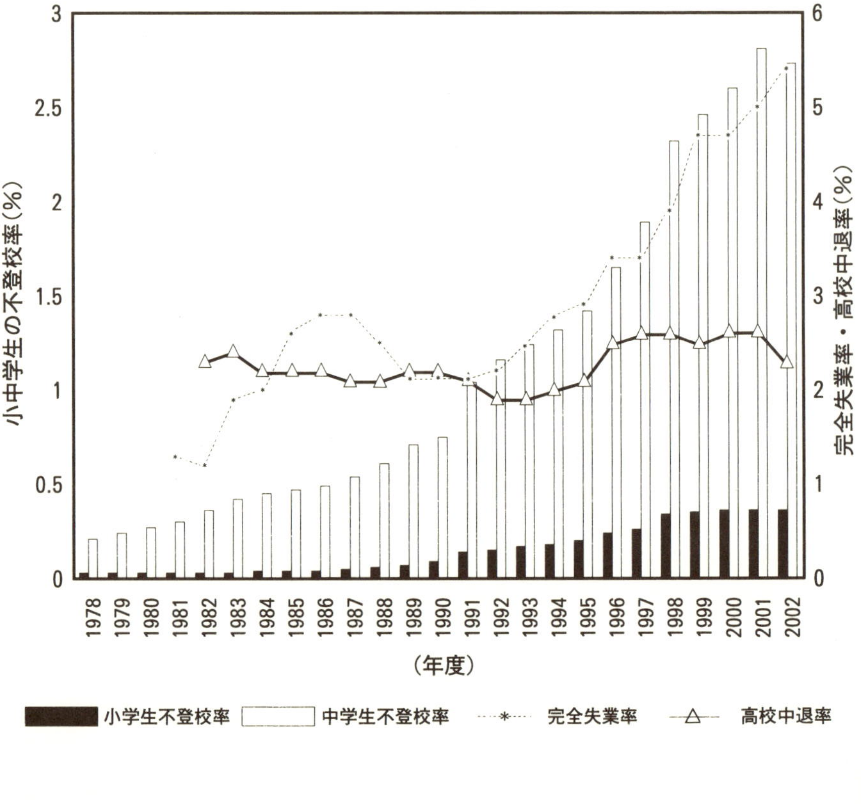

対する国家的な取り組みが求められている。ところが「不登校」児や「引きこもり」青年の現状は、社会逃避の形を取ると同時に社会からの疎外（エクスクルージョン）があることから、「フリーター」問題以上の社会問題化が憂慮され、改善策をたてなかった日本政府の責任は大きいことから、「青少年の健康に関する調査」を即時実施すべきであると判断された。

## 3．「不登校」「引きこもり」児に見られるストレスサイン

「不登校」の一般的な経過について、初発（第1期）は数々の身体兆候を述べて学校を休みだすが、身体異常は見出せないとされ、子どもも親も混乱して対処できない状態とされる（表21）。退行期（第2期）は子どもの生活がだらしなくなり、無気力な生活に陥り、不安や焦りを強く感じる。内閉期（第3期）は退行が進行し、底をうち、だらしなく、無気力が続く状態となる。前進期（第4期）は試行・挫折・「引きこもり」を繰り返して方向性が明らかになる。社会参加（第5期）はある日自分から友人に電話する、急に登校する。これらの経過は、上手く再登校にいたる例の経過であるが実際には再登校に至らない例が多く、長期に続

表21．初発症状とその出現頻度

| 発　熱 | 20例（57%） | 関節痛 | 4例（11%） |
| 頭　痛 | 7例（20%） | 下肢の症状 | 3例（9%） |
| 腹　痛 | 6例（17%） | 目まい | 3例（9%） |
| 悪心・嘔吐 | 5例（14%） | 咳そう | 2例（6%） |
| 疲　労 | 4例（11%） | 下痢・腹痛・過呼吸発作・しびれ | 1例（3%） |

（富田、1981年；稲村、1994年）

くことが示唆されている。

それらのストレスサインは私の調査結果に合致するものである。『教育委員会月報』1997年（文部科学省）によると学校での影響は友人関係をめぐる問題が第1位（12%）であり、家庭生活では親子関係をめぐる問題が（15.2%）で、本人の問題では病気以外の本人に関わる問題が28.7%であったと記述されている。

## 4．「不登校」「引きこもり」の社会的背景

経済最優先、利益追求型社会をめざし経済大国となった日本において、第2次世界大戦以降の生活水準は明らかに上昇し、「豊かな国」となった。その支えとなってきたのは「優秀な経済人こそ優れた成功者」であり、「成功者とは収入の多い者である」との考え方であり、学業成績の優秀な人材が産業界の働き手として重要視されるようになって来た。その考えの下に、一流校や一流企業へ進む率の高い優秀校への進学競争が過熱し、幼稚園時代から高校時代に至るまで優れた塾への通学が常態となってしまった。親は過大な期待を子どもに寄せ、それに応えられない子どもたちの心に大きな負担を与えてしまった。学校教諭は学力教育に努力するあまり、人間愛の教育を軽視し、教師が子どもたちの心の支えになることを忘れてしまい、教師から見放された子どもたちは学校社会から疎外されていくようになった。日本社会全体で、「学力をつけること」が人間を差別化する大切な手段となってしまった。

**平成12年度学校基本調査速報**（文部科学省）によると、長期欠席者は小中学校で減少しているが、「不登校」を理由とする児童生徒数は増加している。うち小学校では26,044人、中学校104,164人と発表されてい

第6章 「不登校」「引きこもり」の変遷と国の対応

る。なお「不登校」を理由に長期欠席している児童の割合は小学校では、国立43%、公立73%、私立52%と私立学校で少ない傾向が現れていた。

中学校においては、長期欠席者の半数以上、なかでも公立においては7割以上が「不登校」をその理由としている。

**学校が分類した「不登校」の理由**としては、「不安など情緒的混乱（登校の意志はあるが身体の不調を訴え登校できないなど）」が26.2%（小学校が32.5%、中学校が24.6%）と最も多く、ついで「複合（「不登校」の理由が複合していていずれが主か決めがたい）」が24.4%（小学校29.8%、中学校23.0%）、「無気力（なんとなく登校しない、登校しないことへの罪悪感が少ないなど）」が21.2%（小学校18.9%、中学校21.2%）となっている。

「引きこもり」「不登校」児の卒業後の進路についての調査では
　①大学、短大等を卒業した後、進学も就職もしなかった人数は、不況の影響もあり、16万3,000人にも達していることが文部省の基本調査速報で明らかになっている。
　②大学での就職率は55.0%となっている。
　③短期大学での就職率は56.0%である。
　④高校を卒業後、進学も就職もしない者が13万2,000人である。

## 5. 「不登校」「引きこもり」問題への文部科学省の対応

### a. モラトリアム世代の歴史的形成と文部施策

敗戦時、日本は連合軍総司令部の管理下におかれ、独立を失った。国民にとっての問題は直接的な飢えであり戦争末期よりも戦後のほうが辛い食料事情であった。1950年（昭和25年）の朝鮮動乱で日本経済が復興

する兆しを見せた、日本経済は成長基調にあったが、好況と不況が繰り返しおとずれ、企業倒産や労働争議が耐えなかった。当時は月給制の社員は少なく、日給制での勤めが多く、労働争議の要求には、いつでも解雇できる日雇い扱いの労働者の待遇改善が含まれていた。1955年神武景気では食生活の不満は少なくなった。1955年以降父親が仕事人間になって、深夜まで働き、専業主婦になった女性は、家事・育児全般をとりしきり、子どもたちは親以上の学歴を求めて勉強に専念した。1972年には分譲マンションが増え始め、大人のいない家の中に取り残されたのは子どもたちであった。親が買った「家」で社会問題として、「オタク」「パラサイト・シングル」「フリーター」「引きこもり」がすでに発生した。1973年（昭和48年）第1次オイルショック、1975年（昭和50年）「不登校」が社会問題化し、1977年（昭和52年）モラトリアム人間、家庭内暴力の増加、子ども群発自殺、1978年第2次オイルショック、非行の低年齢化、粗暴化、集団化となり、その後、家庭内暴力や校内暴力、荒れる子どもたちが増加している。

　なお主体性、自主性の教育は訓練の結果形成されるのである。「個人」の確立は組織や社会、さらには歴史や文化に同化することによって形成される。ここで、人間存在の矛盾が生じたら、矛盾した特性を併記するならば、どちらか一方によって、他方が否定されることになる。この時代的背景での昭和33年度の学習指導要領では、近代的な市民の育成は「個」の確立であり、個人主義、合理主義である。とりわけ「判断の独自性」「判断の主体性」を教育目標にしていて、封建思想からの脱皮と軍国主義を超克し平和主義、民主主義を表している。しかしながら、この「個」の確立の文化はキリスト教を母体とする欧米文化であり、日本人の文化的背景は日本仏教を母体とする「人間の関係性」の重視にあり、集団主義の中での自分であり「個性」ではない。日本には絶対神は存在

第 6 章 「不登校」「引きこもり」の変遷と国の対応

しないのであり、教育が求めた「自由」は「選択肢の増加」であったが、「自分」を吟味すること、「自分」の資質向上をすることである。「自己形成の自己成長」と「社会や文化、伝統、歴史との同化」は切り離せない関係にあり、「訓練なき自主性は野生である」と久保田信之は述べている。

　回顧すれば、日本の第 2 次大戦後、連合国軍総司令部（GHQ）は1946年 4 月 7 日、日米教育使節団の報告書を公表した、日本の戦前の教育を否定して、民主主義を基調にした教育改革の必要性を訴え、「 6・3・3 制の導入」「男女共学」「大学教育の門戸開放」「教育の地方分権」「日本語のローマ字化—これは採用されなかった」などを勧告した。その恩恵を受けた日本社会は、高い教育水準を背景に経済大国になった。(**付1**)

　現在は、陰湿な「いじめ」や「不登校」「ニート」の出現で教育現場は新たな課題に直面している。改革が進んだ背景には全くの「民主主義の不毛の地」ではなく、戦前から「下からの平等化運動があった」とされる。日本のリテラシー（教養水準）の高さ、「江戸時代から寺子屋での教育」があり、地方の藩校のレベルが高く、1905年で義務教育の就学率は90％を超えていたとされていて世界一であった。その後の高度成長で学校に行けば大半の子は親に比べて「成功者」になれた。しかし就学率が飽和すると、一握りを除き「失敗者」とならざるを得ない。学校はパニックに陥り「校内暴力」「いじめ」「不登校」は1980年代以降顕著になってきた。1980年より1983年は景気が不況の時代といえる。日本社会の企業化は、1960年代に入ると、日本社会全体が企業社会の様相を一段と強め、"猛烈時代"を生き抜く企業戦士達にとって、地域は生活実感のない存在となり、企業戦士の予備軍である子どもたちも、塾と学校があるのみで、心身を養う、子ども達の遊びの活動の空間も、家庭生活も利潤追求の場となり、大人や子どもたちにも実感のない場になってしま

った。現在に至り、企業戦士たちの企業活動の影で、過労死は3万人に及んでいる。さらに完全失業率は5％代にまでなっている。希望のない社会に失望した子どもたちの中には、「自分の中に『引きこもり』、他者との深い関わりを避けてしまい（同調的『引きこもり』）、自分自身を失って不安が強くなり、自己中心的となり、対人関係が一時的・部分的で表面的な状態に陥る結果、アイデンティティ（自己確立）を形成できなくなり、大人としての生き方を回避する"モラトリアム（心理発達の不履行）状態"を引き起こす」心理構造を特徴とする逃避的ひきこもり行動をとるようになる。子どもたちをこのような心理に追い込んだ責任の一部は学校教育にあることは間違いない。

戦後間もなくは、当時の文部省は「学習指導要領」を施行し、"地域の社会教育の運動や地域教育計画とその実践教育計画とその実践"を各地で始め、教育による人間格差の解消と創造性の高い人間養成をめざし、地域づくりが開始された。しかしながら学習指導要綱の法的拘束力の弱さと経済優先社会の嵐のもとに、学力信仰が日本の父母に強く浸透して行ったことも否めない。

### ・教育指導要領の改正

道徳性とは、罪悪感などの情緒的な側面を有しつつも、我慢する事の行動を称えることである。家族内での道徳性は、親子間の愛情を基盤とした肯定的な力が基本にあり、他人の立場に立つこと、文化的に異なる他者に自分の考えを表現しながら視点を調整することで特定の友人が生まれ、その友人との体験を通して、社会的な人間関係を拡大させる力がある。他方、社会的道徳性は学校教育がその役割を担い、"親密さと自立性のバランスをとろうとする力を発達させること"が重要な道徳教育の理念であるとされる。

## 6. モラトリアム兆候の階層別分布と教育指導要領

　表22では、モラトリアムの状態の無い者の最多は31〜40歳であり、ついで41〜50歳、51歳以上、23〜30歳の順で、最少は19〜22歳であった。モラトリアムの有る者のうち、19〜22歳で最多は「生活の安定や社会貢献を考えられない」、ついで「自分探しや夢を追いかけた」と「何がしたいか決められない」、最少は「仕事で縛られるのは嫌いである」であった。

　23〜30歳で最多は「自分探しや夢を追いかけた」ついで「生活の安定や社会貢献を考えられない」と「何がしたいか決められない」であった。

　31〜40歳では「生活の安定や社会貢献を考えられない」であった。

　41〜50歳で最多は「生活の安定や社会貢献を考えられない」ついで、「自分探しや夢を追いかけた」と「何がしたいか決められない」であった。そして51歳以上での最多は「自分探しや夢を追いかけた」であった。

表22. モラトリアム兆候の年代階層別変化　　　　（％）

| 年　齢 | 19〜22 | 23〜30 | 31〜40 | 41〜50 | 51〜 |
|---|---|---|---|---|---|
| 1. モラトリアム状態の無い者 | 40.5 | 66.6 | 83.3 | 71.9 | 71.4 |
| 2. モラトリアムの有る者のうち ①自分探しや夢を追いかけた | 10.7 | 18.5 | 0 | 6.3 | 14.3 |
| ②生活の安定や社会貢献を考えられない | 33.1 | 7.4 | 16.7 | 21.7 | 10.7 |
| ③何がしたいか決められない | 10.7 | 7.4 | 0 | 6.3 | 3.6 |
| ④仕事で縛られるのは嫌である | 5 | 0 | 0 | 0 | 0 |

・戦後に示された教育指導要領（表23）

表23．年齢とモラトリアム行動の関係

| モラトリアム<br>思考と行動 | 18〜22歳<br>新道徳教育 | 23〜30歳<br>新旧道徳教育 | 31〜40歳<br>旧道徳教育 | 41〜50歳<br>旧道徳教育 | 51歳〜<br>旧道徳と無 |
|---|---|---|---|---|---|
| 有り | 72(59.5%) | 8(32%) | 4(16.7%) | 9(29%) | 8(28.6%) |
| 無し | 49(40.5%) | 17(68%) | 20(83.3%) | 22(71%) | 20(71.4%) |
| 合計(229) | 121 | 25 | 24 | 31 | 28 |

N＝229　$X^2$検定　**　p＜0.001

　現代の大学生・社会人は、アイデンティティを拒否し続け、義務や制約に縛られることなく人生を享受しようとする傾向がある。例えば職業選択では職種よりも会社のブランドにこだわり「働くことの大切さを知らず遊んでばかり」「我慢することが出来ない」「考えも行動も日替わりメニューで自分の将来に対する目標が持てない」等は、学童期における引っ込み思案や抑制的な行動パターンとソーシャル・スキルの低さに加わって、乳幼児期における不安定な愛着パターンなどは、将来の「引きこもり」傾向を予測する指標となり得る。

　歴年的に戻れば、18〜22歳の若者層は1987年（昭和62年）〜1983年（昭和58年）に生まれ、1989年（平成元年）〜1998年（平成10年）に小学校（新道徳）教育を受けた年齢に相当する。他方、51歳を越える年齢層は、1954年（昭和29年）以前に出生し、1964年（昭和39年）までに小学校（旧道徳）教育を受けた年齢に相当する。ちなみに2005年は小学校学習指導要領（道徳）平成1年（1989年）改正後15年目に当たり、1946年生まれは、小学校指導要領（道徳）昭和33年以前に教育を受けた年齢層であることを意味する。このことは、小学校教育がモラトリアム層形成に少なからぬ影響を与えていることを示している。

日本人の古い文化の上に見かけ上の欧米の文化を上乗せしているのみで、現在も上記の問題とする現象は社会的排除（Social Exclusion）を容認する構図ではないか、これはアイデンティティの未発達の状態であり、社会的に長期モラトリアム状態に置かれている状態と推測される。

日本人の各年齢層で教育との関連とモラトリアム（精神的発達の自己の意思による遅延化行動）の関連について調査した結果が表24である。モラトリアム思考・行動をとったことを是認した比率は18〜22歳で最高であり、ついで30歳から50歳までは低下を示し、51歳以上では再び上昇していた。

表24．年齢とモラトリアム行動の関係

| モラトリアム／年齢 | 18〜22歳 | 23〜30歳 | 31歳〜 | 41歳〜 | 51歳〜 |
|---|---|---|---|---|---|
| モラトリアムあり | 72（59.5%） | 7（31.8%） | 4（20%） | 7（26.9%） | 7（35%） |
| モラトリアム無い | 49（40.5%） | 15（68.2%） | 16（80%） | 19（73.1%） | 13（65%） |
| 合計（209） | 121 | 22 | 20 | 26 | 20 |

N=209　***p<0.001

## 7．ストレスサイン対処に関する文部科学省指示

文部科学省が平成12年度の学校基本調査の速報において、長期欠席者は減少しているものの、「不登校」を理由とする児童生徒数は増加傾向を表している。とりわけ「不登校」の理由は、「不安など情緒的混乱（登校の意志があるが身体の）不調を訴えて登校できない」者が26.2%（小学生32.5%、中学生24.6%）と最も多く、ついで「複合（「不登校」の理由が複合していていずれが主か決めがたい）」者が24.4%（小学校29.8%、中学校23.0%）、「無気力（なんとなく登校しない、登校しないことへの罪悪

感が少ないなど)」者が21.2％（小学生18.9％、中学生21.2％）となっていることが文部科学省の調査によってすでに現れていたが、いまだ、心身のストレス状態を解決できる専門家がいない等で、明確にされることなく、平成12年以来、現在まで対策のないまま、現場では苦慮している。

しかしながら文部科学省の平成14年度白書では、日本の「不登校」への早期対応と、家庭にいる児童生徒について学校復帰の支援を行うため、教育センター（適応指導教室）を核として、地域ぐるみのネットワークを整備すると報告しており、これらがなお高水準で引き続き大きな課題であるとしている。平成13年度の「不登校」状態が継続している理由では、「不安など情緒的混乱」が26.1％、「複合（いずれの理由が主であるか決めがたい）」が25.6％、「無気力」が20.5％となっている。

## 8．「引きこもり」問題に対する国連からの勧告

引きこもり問題の政府対応の悪さは、上記のとおりであるが、このことに対する問題解決を、国連子ども委員会が日本政府が解決策を図るように2度にわたり勧告書（付2）を送付していることを、私は国会図書館での国連資料分析を行う時に見出した。

国連からの「教育余暇および文化的活動についての勧告書」No.49のa）とb）では、教育制度の競争主義的性格についての所見について、「22．非常に高い識字率により示されているように締結国により教育に重要性が付与されていることに留意しつつも、委員会は児童が高度に競争的な教育制度のストレス及びその結果として余暇、運動、休息の時間が欠如していることにより、発達障害にさらされていることについて、条約の原則及び規定、特に第3条、第6条、第12条、第29条及び第31条に照らし懸念する。委員会は、更に、登校拒否の事例がかなりの数にの

ぼることを懸念する。」

　他方、勧告書No.43では「締結国における高度に競争的な教育制度並びにそれが児童の身体的及び精神的健康に与える否定的な影響に鑑み、委員会は、締結国が、条約第3条、第6条、第12条、第29条及び第31条に照らし、過度なストレス及び登校拒否を予防し、これと闘うために適切な措置をとることを勧告する」としている。残念ながら、それらの勧告に対して日本政府はまったく無視し回答を送らないばかりか、積極的対応策もとろうとしていない。このため上記症候群を誘発させると同時に、「不登校」児や「ニート」で社会的に脱落している人の数が2002年に41万人に上る状況になっていることは現実であり、将来は貧富の2極化を予想させる。

　以上、青年意識調査および「不登校」児・「フリーター」統計などでもって本章を小括すると、①「不登校」と「引きこもり」青少年が増加し、これが現在の「フリーター」増加を来たしていること、②これは青年層でのモラトリアム化が肥大化し重症化した結果であること、③「不登校」生問題に対し国連勧告が出されているにもかかわらず日本政府の怠慢が事態を悪化させていることが示され、その根源である「不登校」生問題の早急な対策が必要であると結論されよう。

# 第7章 「ニート」に関わる国際意識調査

「引きこもり」「ニート」問題が急増し社会問題化している背景に、家族と同時に社会と国、特に教育の責任の大きいことと、その影響下にある青少年にストレスフル潜在的心身兆候が見られることをこれまで述べてきたが、これが日本特有の状況なのかどうかを調査した結果を次に記述する。

## 1. ケニア、エジプトにおけるストレスサイン

（A）日本人の小・中・高校生は「ねむけ」は顕著に高く、小学生で37％、中学生で55％、高校生で62％と高値であり、ついで「眼が疲れる」が31-36％、「体が疲れている」（全身の脱力感）が約29-34％となっており、非常に高い心身の疲労の鬱積状態にあることを示していた。

（B）アフリカでの調査結果では、ケニアは「脱力感」44％、「眼の疲れ」36％、「頭痛」30％、「肩が凝る」28％、「ねむけ」と「足がだるい」は26％、「倦怠感」と「思考力減退」24％、「気がちる」20％と、エジプトと比較してほぼ、すべての項目において高いことが示され、日本の青少年に近い値を示していた。

　この様な心身症的訴えは自然・社会・宗教・文化・政治とその歴史が背景因子として大きな影響を及ぼす。

　日本では「特別な責任感が生じたと感じる」や「自分に対する家の期待度」が、小学生に強く高校生に低かった。これらの背景因子は日本では小学生期に子どもへの期待が高いものの、成長し自立度が高まるとともに自己責任感が薄れ、親の期待度も低下する結果と考えられる。

　一方、ケニアでは「特別な責任が生じた」と「自分に対する期待の変更」がエジプトより高い結果がみられた。自分の能力を超えていると感じるほどの水準の成績を出さねばならない責任と、部族の大きな期待が

地域の若者たちにプレッシャーを与えている結果ではないかと推測される。

　ケニアでは、若い男性の労働力が人間評価の基準とされ、老人や子どもは「2級労働力＝2級の人間」とされている。人々は強い血族意識を共有していて人々は伝統的な民族社会の規範に従って、自足的で閉鎖的な共同体を形成している。そこでは子どものしつけから老人や病人の世話、生活困窮者への援助などが、狭い核家族の枠をこえて自在に行われている。また学校を終えたりドロップアウトしたりする若者は、大半がナイロビやその他の都市に出稼ぎにいく。子どもたちには高度な教育が経済的に有利だという認識は潜在するものの、従来型のヨーロッパ・システムの教育システムで成功を勝ち取るための非常に困難な結果が現実となるにつれて子どもたちは不安状態に追いやられる。また呪術信仰がその不安を増強させる。その結果、何も手につかなくなるほどひどい心身症的反応、すなわち頭痛、腹痛、視覚の喪失などの学校不安（School anxiety）・文化特異的神経症候群（culture-specific syndrome）・脳疲労症候群（brain fag syndrome）とよばれる状況が現れる。重篤症状が持続して、日中ずっと続き、睡眠に障害を来たす。

　エジプトは経済的文化的にケニアより優位にある。歴史的には1922年3月にオスマントルコから自立したエジプト王国をイギリスが承認した。エジプトは、立憲制の後1923年に憲法が制定された。イスラーム世界の文化的中心とアフリカ諸国の中の最大経済規模を誇る国家に位置する関係で、青少年に対するストレスの多様性に富んだ回避が可能であり、上記症候が発現しにくいものと判断される。

## 第7章 「ニート」に関わる国際意識調査

**図14. ケニアとエジプトの人々にあるストレスサイン**

**図15. ケニアとエジプトでのストレスサインの契機**

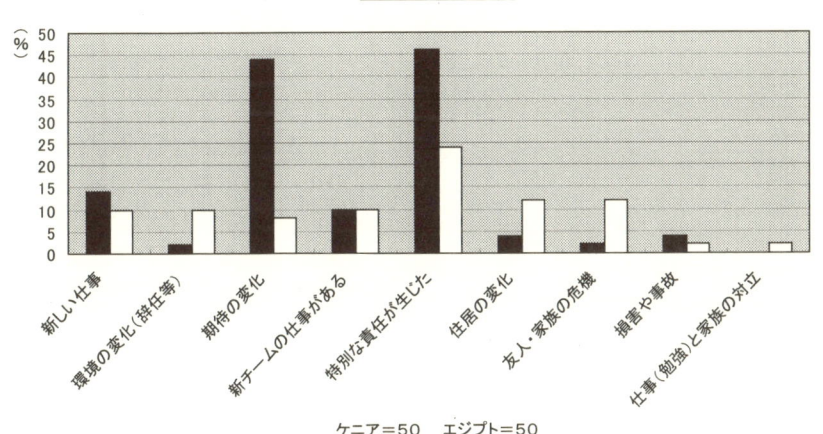

ケニア=50　エジプト=50

## 2. 諸外国の青年層の仕事に対する意識とストレスサイン

「転職経験の有る」者はアメリカ、スウェーデン、韓国の順で高く、転職経験無しの者はドイツ（56.4%）、日本（54.2%）の順であった。

なお職場についての「満足」はドイツ、スウェーデン、アメリカで8割を上回り高い。韓国と日本は「満足」が7割余りである。

日本と韓国では「職場に強い不満があれば、転職することもやむをえない」という、転職を容認する意見があり、アメリカ、スウェーデン、ドイツでは「不満があれば転職する方が良い」という、転職を肯定する意見がそれぞれ高い。スウェーデンでは「不満がなくても、自分の才能を生かすためには、積極的に転職する方が良い」という積極的な転職を肯定する意見が高い。

さらに「仕事を選ぶ際に、どのようなことを重視するかについて」は韓国76.2%、アメリカ83.5%、ドイツ64.5%で「収入」が1位、スウェーデンは77.7%で「職場の雰囲気」が1位となっている。日本では「仕事内容」が66.6%で1位である。

日本社会の中に大量に存在する「フリーター」や「ニート」は、かつて企業が職業訓練を行っていた時代には問題として現れなかった。その企業に余裕がなく、公的な福祉も削られる中では、弱者の救済が急がれる。とりわけ若者のケアは職業教育の中で職業意識が高まり、アイデンティティの成長が期待できるので、高校・大学においては、実務教育が急務であると考えられる。

・「就職が難しく、失業者も多い」と感じる若者 （図16）

日本においては就職が難しく、失業者も顕著な増加傾向にある。1993

第7章 「ニート」に関わる国際意識調査

年では12.3%と他国に比べて極めて少なかったのに対して、1998年では40.3%、2003年では64.6%と他国に比し大きく増加している。逆にスウェーデンは1993年では83.3%と最も高い値を示し、1998年では63.2%、2003年では35.8%と極めて低い値となった。なおアメリカ、ドイツは減少傾向が見られるのに対し、日本と韓国では「就職が難しく、失業者も多い」と就職の悩みを訴えている。近年における日本の若年労働市場の厳しさが、若者の意識に直接に反映しているといえる。

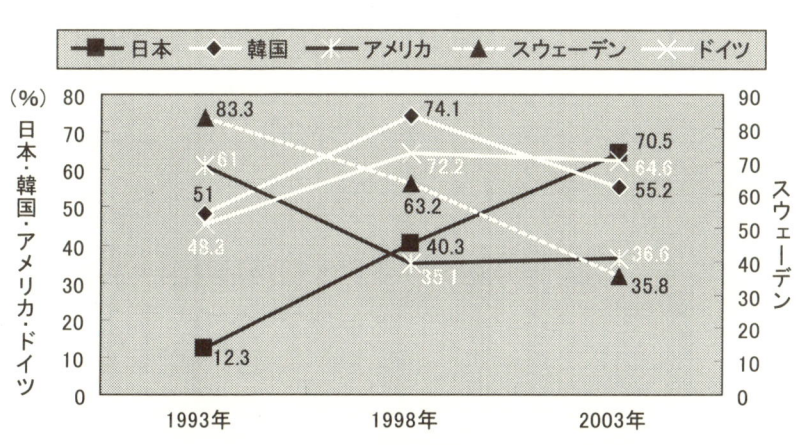

図16. 自国の就職問題をどう思うか？（国際比較）

| | 1993年 | 1998年 | 2003年 |
|---|---|---|---|
| 日本 | 12.3 | 40.3 | 64.6 |
| 韓国 | 51 | 74.1 | 70.5 |
| アメリカ | 48.3 | 72.2 | 55.2 |
| スウェーデン | 83.3 | 63.2 | 35.8 |
| ドイツ | 61 | 35.1 | 36.6 |

世界青年意識調査　内閣府統括官平成16年度より作成

・「どんな場面でも自分らしさを貫くことが大切に思うか？」（図17）

各国比較で見ると、『そう思う』はアメリカが97.7%で最も高く、以下韓国、ドイツ、日本の順となり、スウェーデンが最も低い値である。なかでも日本では「学生」、韓国では「学生」、スウェーデンでは「パートタイムの仕事」、ドイツでは「学生」、アメリカでは「フルタイムの仕事」と「学生」が『そう思う』と答えた値が最高であった。

最も低い値であったのは、日本では「パートタイムの仕事」で、韓国、

スウェーデンでは「無業者」であり、ドイツとアメリカでは「失業者」であった。日本社会の中に大量に存在する「フリーター」や「ニート」は、かつては企業が職業訓練を実施していた時代には問題として現れなかった。現在は公的な福祉も削られる中で、とりわけ若者のケアはどうするか？　アイデンティティの成長をどこで期待するかが問題である。そこで、学校教育においての実務教育実施により「自分らしさをもった」職業人を育成する事が可能になると私の教育経験で確信し、なお橘木は「格差社会」で表している。

図17. あなたはどんな場面でも自分らしさを貫くことが大切だと思いますか？　　　　　　　　　　　　（国際比較）

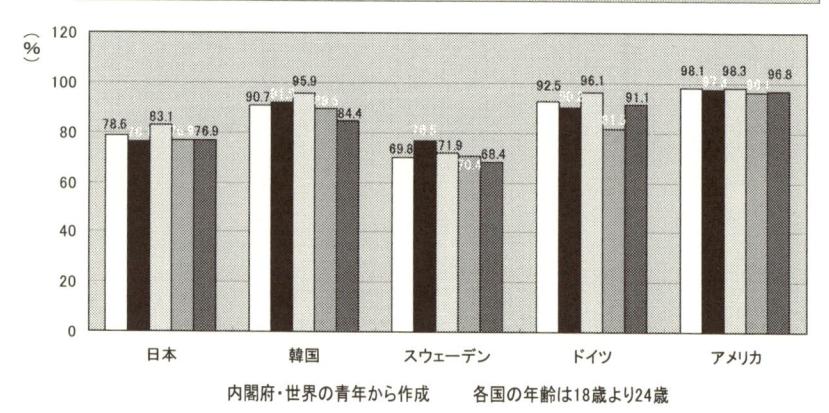

凡例：□フルタイムの仕事をしている　■パートタイムの仕事をしている　□学生　■失業中　■無職（専業主婦を含む）

| 国 | フルタイム | パートタイム | 学生 | 失業中 | 無職 |
|---|---|---|---|---|---|
| 日本 | 78.6 | | 83.1 | | 76.9 |
| 韓国 | 90.7 | 95.9 | | | 84.4 |
| スウェーデン | 69.8 | 79.5 | 71.9 | 70.4 | 68.4 |
| ドイツ | 92.5 | 96.1 | | | 91.1 |
| アメリカ | 98.1 | 92.5 | 98.3 | | 96.8 |

内閣府・世界の青年から作成　　各国の年齢は18歳より24歳

・「自分はどんな人間であるのか、わからなくなることがありますか？」
；未完成なアイデンティティ意識の国際比較（表25）

　18〜19歳、20〜22歳、23〜24歳の各年齢とも「自分はどんな人間であるのか、わからなくなることがある」の　最多は韓国、ついで日本、スウェーデン、アメリカの順で、最少はドイツであった。

　アイデンティティの未完成は韓国についで、日本は2位であった。

表25. あなたは、自分がどんな人間かわからなくなることがありますか？

|  | 18～19歳 | 20～22歳 | 23～24歳 | 男性 | 女性 |
|---|---|---|---|---|---|
| 日 本 | 52.2% | 50 | 49.8 | 50.1 | 51.3 |
| 韓 国 | 77.7 | 79 | 78.7 | 76.7 | 81.5 |
| スウェーデン | 41.4 | 42.4 | 41.9 | 33.6 | 49.9 |
| ドイツ | 23.2 | 27.9 | 24.7 | 20.8 | 30.2 |
| アメリカ | 34.5 | 37.5 | 29.1 | 28.5 | 40.7 |

内閣府・世界の青年より作成

・ストレスサインの比較（表26）

　日本の失業率は2000年の4.7％から2003年には5.3％と上昇し、スウェーデンでは4.7％から4.9％と徐々に上昇している。オーストラリアは6.4％から6.0％で2004年には5.6％と減少している。なおエジプトは9.0％から11.0％と上昇し、ライフイベントでは「仕事で家族と対立する」が22％と高い値を示していたが、日本以外の諸国と「その他の項目」は比較すると低い値を示している。

　エジプトでは、人口の90％以上がイスラームの信仰者であり、信仰に由来する伝統的福祉概念と制度があり、信徒の安寧と相互の扶助は信仰共同体を形成している。

　アフリカ社会では日本で現在実施されている、社会的弱者に対する公的な扶助はほとんど見られず、公的な法制度は確立されていない。したがってケニアでは、日常的におきる紛争、とりわけ暴力事件や土地相続問題、呪詛や借金踏み倒しは、今も伝統的な村の長老会議で処理されている。したがって村社会の規範を維持するために、個人に「特別な責任が生じる」事を負わし、「期待の変化」を感じさせ、極めてストレスの

多いライフイベントとなっていた。「全身倦怠感」の56％は5か国中、最多のストレスサインを示した。

一方、OECDで最も失業率の低い、経済的、社会的に安定したニュージーランドの失業率は6.4％から現在3.4％と減少傾向にあり、日本との心身の不安状態の比較は8章で述べる。

この国と比較して日本の青年たちの心身兆候のストレスサインは最多であった。これは最近の日本での就職が難しく、仕事で自分らしさを表現することが下手で、「脱力感」「眠気」「頭痛」「肩が凝る」「目の疲れ」「足がだるい」は最多のストレスフルにあることが示された。

表26. 日本と国外のストレスサイン

(％)

|  | 日本<br>N=131 | ケニア<br>N=50 | エジプト<br>N=50 | スウェーデン<br>N=52 | オーストラリア<br>N=30 |
|---|---|---|---|---|---|
| 脱力感 | 56 | 42 | 12 | 32 | 8 |
| 眠気 | 55 | 14 | 8 | 47 | 28 |
| 頭痛 | 30 | 22 | 22 | 28 | 10 |
| 肩が凝る | 40 | 18 | 6 | 32 | 15 |
| 目の疲れ | 40 | 26 | 10 | 19 | 13 |
| 足がだるい | 18 | 16 | 10 | 6 | 5 |
| 肩がだるい | 15 | 12 | 12 | 21 | 5 |
| 倦怠感 | 10 | 16 | 8 | 11 | 13 |
| 思考力減退 | 10 | 10 | 10 | 21 | 10 |
| 背中がだるい | 9 | 10 | 6 | 25 | 15 |

平成12年から15年に実施した5カ国国際調査より作成（平塚）

## 第7章 「ニート」に関わる国際意識調査

　以上、本章をまとめると、日本の青年たちは、国内外調査比較においても、ストレスサインである心身兆候は高く、失業率も上昇傾向にあり、最近の就職が難しく、仕事で自分らしさを表現することが下手で、最も高いストレスフルの状態にあることが示された。

ved. # 第8章　ニュージーランドのモラトリアム対策

第8章　ニュージーランドのモラトリアム対策

　私の一連の継続的調査研究の結果、日本の青少年層は諸外国とは異なったストレスフルな状況にあることが明らかとなった。そこで私は、①日本と同様に島国であり、②近代的自由主義経済社会であり、教育システムが近似し、③宗教が異なることから、ニュージーランドを特定し、2国間の青年層での「社会的脱落層」問題に対する意識調査を、ニュージーランド（N＝67）と日本（N＝106）の若年層を対象に、身体的精神的疲弊度に関する面接調査を行った。その結果、日本人では身体的、精神的な不安兆候がニュージーランドの若者に比して高く現れていた。

## ニュージーランドの教育目標
　教育は、経済や社会発展をするための国の芯である。ニュージーランド政府は、教育への基本的重要性の認識においてニュージーランド教育制度に次の目標を定めている。
①すべての生徒は、個人として自分の最大限の能力を実現することとニュージーランドの社会の一員となる必要な価値を作るため、カリキュラムにより高水準教育でその目標を達成する。
②すべてのニュージーランド人にとって教育の機会は平等であり、それを明らかにすると同時に、達成のための障害を取り除いていく。
③ニュージーランド人が現代の変化する世界で成功するのに必要な知識、理解力、技能を発達させる。
④子どもの最初の先生として重要な役目にある両親への支援を含む過程を通じて、将来の学習を達成するために学習年齢初期での健全な基礎作りを図る。
⑤最重要の学習範囲に対して幅広い教育を提供する。読み書き、計算、科学、技術、体育の能力を高く発達させることが優先される。
⑥明確な学習目標と学習目的に対して、生徒の成績の観察と個人のニー

ズにあった課程を通しての高い教育水準を達成する。
⑦特別な配慮が必要な生徒は、しっかりと観察し、適切なサポートを受ける方法を確立し、その学習を成功させる。
⑧ニュージーランドでの学校教育後に上の教育レベルへ進むために、国内と国外に認められる資格・システムを、生徒が獲得できるようにする。
⑨ワイタンギ条約の理念に基づいた一貫した（マオリ語教育を含む）マオリ教育を行うことで、マオリ人の参加とその成功を促進させる。
⑩国際共同体での国家の一員として、太平洋でのニュージーランドの役割と、マオリ人のいる唯一の場所の認識とともに、多様な民族とニュージーランド人の文化遺産を尊重すること。

a．「落ちこみ＝うつ状態」と「自律神経症状」

「自律神経兆候」を示す者と「落ち込み＝うつ状態」を示す者との比は、ニュージーランド67％対33％、日本では48％対78％であった。

両方が同時に表現されている者の比率は、ニュージーランドは91.3％、日本は86.3％と、両国とも同様な心身相関が現れていた（表27）。

表27. "うつ兆候"・"自律神経失調兆候"

|  | 自律神経失調兆候（ニュージーランド）n=67 あり | なし | 自律神経失調兆候（日本）n=222 あり | なし |
| --- | --- | --- | --- | --- |
| うつ兆候あり | 91.3％ | 56.8％ | 86.3％ | 51.7％ |
| うつ兆候なし | 8.7％ | 43.2％ | 13.7％ | 49.0％ |

\*\* $P<0.01$

## b．心身ストレス兆候（図18、表28）

　日本では心身ストレス兆候が小、中、高、学生、成人の順に現れていたが、ニュージーランドではその兆候が成人に強く現れ、年齢が下がるにしたがい心身兆候は現れ難かった。

**図18．日本とニュージーランドのSchool Phobia兆候比較**

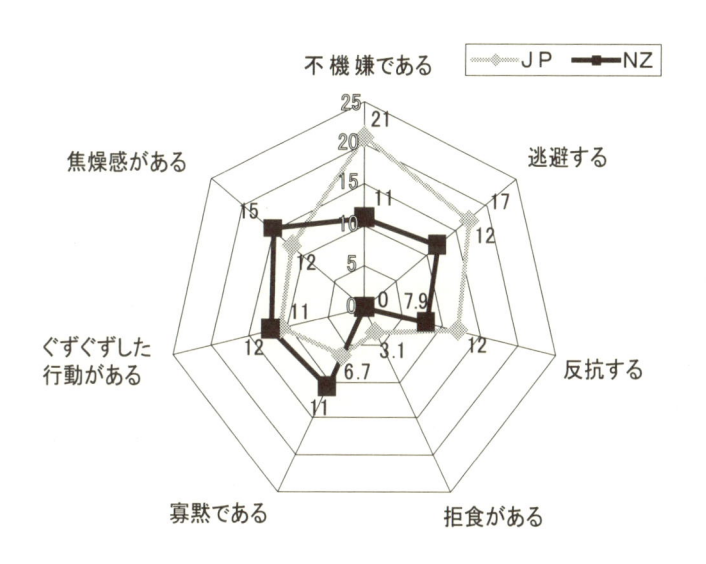

## c．人間関係形成の上手下手

「日本」で最も多いのは、「他人との人間関係形成は、人によって、場による」とした人は60％、「下手でない」が23％、最も低かったのは「下手でも苦手でもない」18％、であった。他方、「ニュージーランド」では、最も多いのは、「人間関係形成が下手や苦手でもない」が78％、「下手で苦手である」が16％、最も低かったのは「人や場で変わる」がわずか6％であった。すなわち、ニュージーランドでの人間関係は、"人や場で変わることなく"、人間関係が円滑であるのに対し、日本での

表28. ニュージーランドに起きる心身兆候の割合

(％)

| | | |
|---|---|---|
| Ⅰ．小学生（15）　中学生（16）<br>　　高校生（20）　学　生（11）**<br>　　成　人（58） | 1）目まい、立ちくらみがする（33）<br>2）腹痛がある（56）<br>3）**寝つきが悪く眠りが浅い（44）<br>4）食事は過食であったり摂らなかったりする（9） | |
| Ⅱ．小学生（0）　中学生（4）<br>　　高校生（18）　学　生（20）<br>　**成　人（58） | 1）**肩こりがする（38）<br>2）**腰や背中の痛みがある（49）<br>3）スポーツ後の筋肉痛が2〜3日取れない（9）<br>4）筋力が落ちている（7）<br>5）体形が気になる（31） | |
| Ⅲ．小学生（18）　中学生（16）<br>　　高校生（24）　学　生（13）<br>　**成　人（53） | 1）悪心やむかつきがある（31）<br>2）動悸や運動時の息切れがする（20）<br>3）**寝つきが悪く眠りが浅い（38）<br>4）朝早く起床できなくて行動がのろい（16） | |
| Ⅳ．小学生（2）　中学生（2）<br>　　高校生（20）　学　生（16）<br>　**成　人（51） | 1）便秘がある（20）<br>2）**疲れやだるさを感じる（51）<br>3）電車で空いている席にすぐ座る（16） | |
| Ⅴ．小学生（4）　中学生（4）<br>　　高校生（9）　学　生（13）<br>　　成　人（42） | 1）イライラして怒りっぽい（27）<br>2）だるくて疲れやすい（24）<br>3）電車ので空いた席にすぐ座る（7）<br>4）休日ゆっくりしても精神的な疲れが取れない（2） | |

N=45 :** P<0.01

人間関係形成は、"人や場で変わることが多く"社交的でないことが判明した。

#### d．「課題を設定して、その取り組みをした」経験の有無
「子どもの頃から物事に対する課題を設定して、取り組んだ経験の有無」の設問に対して、日本では、「取り組んだとする者」49.2％、「取り組んだことはないとする者」49.7％であった。ニュージーランドでは、「子どもの頃から課題を設定して、取り組んだとする者」は74％と高く、「取り組んだ経験はないとする者」は26％と低かった。このことは日本では、「設定課題に対して、解決を図ること」の教育が不十分であり、それが人生の難題に立ち向かう姿勢を喪失させているのではないかと判断された。

#### e．子どもの頃から兄弟姉妹とともに過ごした思い出の数々
　日本人は、子どものころの兄弟姉妹との思い出の数の最多は「1件くらいとした者」28.8％、ついで0（ゼロ）の14.7％、「3件程度」が14.1％、「2〜4件程度とした者」10.7％、「5件程度」が9.6％の順で、最少は「6から7件程度」の5.6％であった。一方、ニュージーランドの最多は「3件程度」の28％、ついで「7件以上」の26％、「4から6件程度」の12％、「2件程度」の8％の順で、最少は「5件程度」の2％であった。ニュージーランドの平均件数は4.24で、日本人の平均件数の2.57よりも多かった。このことは、ニュージーランド人は"子どもの時代に兄弟・姉妹との活動の思い出の数が多く"あるのに対し、日本人の"子ども時代はその活動量が少なく"、人間関係形成の訓練ができていないことを示していた。

### f．日常生活で感じられる精神的不安兆候（表29）

　日本の青少年は心の状態で、最多は何をしても興味がもてない（97％）、逃避する（75％）、気分が落ち込むと集中力・注意力が低下する（58％）、不機嫌に感じる（53％）、不安感がある（42％）、反抗したくなる（34％）、ぐずぐずした行動、対話や行動が他人と異なっていると不安である（33％）、就職活動をしたくない（24％）、ブレーキがかかったように自分の考えが進まない（20％）などと答えていた。一方ニュージーランドの若者らは、苦しいことから逃避する（30％）、気分が落ち込む（21％）、集中力・注意力の低下がある、対話や行動が他人と異なっている時に不安である（15％）との答えが多かった。

　このことから日本の青少年層が目に見えない苛立ちと不安感に苦しんでいることが示された。

### g．日常生活で感じられる身体的不安兆候（表29）

　日本の最多は眠気（87％）、眼の疲れ（73％）、脱力感（42％）と脳疲労などのストレスサインが目立ち、ついで腹痛（38％）、目まい・頭痛（37％）、便秘、嘔気・嘔吐、下痢（28％）、発熱がある（26％）の順であった。一方、ニュージーランドは眼の疲れ（31％）、眠気（22％）が多いものの日本の若者に比しその出現頻度は低く、ついで目まい・頭痛（18％）、腹痛（10％）、便秘、嘔気・嘔吐（4％）、下痢（3％）の順であった。両国間の相対比較として、日本では対人関係からの不安が多く、不安に関連した身体的兆候と心の不安兆候が優位に表れていて、全体として日本人の若者層では無気力型の無欲状態の兆候が強く、日本人特有の症状とも言えよう。

表29. 日常生活行動における不安兆候発現に関する自己判断

(％)

| Ⅰ．心の状態 | | 日本 | ニュージーランド |
|---|---|---|---|
| 1 | 不機嫌である | 53 | 9 |
| 2 | 逃避する | 75 | 30 |
| 3 | 反抗する | 34 | 7 |
| 4 | ぐずぐずした行動 | 33 | 12 |
| 5 | 気分が落ち込む | 58 | 21 |
| 6 | ブレーキがかかったようで考えが進まない | 20 | 7 |
| 7 | 何をしても興味が持てない | 97 | 3 |
| 8 | 不安感がある | 42 | 6 |
| 9 | 集中力・注意力の低下がある | 58 | 15 |
| 10 | 就職活動をしたくない・面倒である | 24 | 9 |
| 11 | 対話や行動が他人と異なっている時不安である | 33 | 15 |
| Ⅱ．身体兆候 | | | |
| 1 | 便秘がちである | 28 | 4 |
| 2 | 眼の疲れがある | 73 | 31 |
| 3 | 眠気がある | 87 | 22 |
| 4 | 脱力感がある | 42 | 15 |
| 5 | 嘔吐・嘔気がある | 28 | 4 |
| 6 | 腹痛がある | 38 | 10 |
| 7 | 下痢がある | 28 | 3 |
| 8 | 目まいと頭痛がある | 37 | 18 |
| 9 | 発熱感がある | 26 | 0 |

## h．不安性心因反応の原因（表30）

　日本の青少年層は、危険が迫ってくるときに不安を覚えることが最も多く57％、ついで自分自身の対話や行動が他人と異なっている時55.6％他人からの非難が46％、自身の良心に反する行為をとった場合に22.2％が不安を覚えると訴えていた。一方、ニュージーランドの若者層は、日

本の場合と同様、危険が迫っているときに不安を覚えることが多いと答え51.4%。ついで他人からの非難と自身の良心に反する行動をとった場合が32.4%、対話や行動が他人と異なっている時は27.0%と、その頻度は日本人若者層の方が高頻度に現れていた。興味あることは、ニュージーランドの若年層が、「自分の欲望的行動を、他人から罰せられた時や、神から許されない行為を行った時に不安に思う」とする比率が10.8%と高かった点であり日常生活における宗教的倫理観が若年層の行動に反映されているものと考えられ、ここでも教育の重要性を示唆しているものと考えられた。

表30. 自分自身が不安衝動に駆られる原因

(％)

| | 日本 | ニュージーランド |
|---|---|---|
| 1位 | 危険が迫っているとき（57） | 危険が迫っているとき（51.4） |
| 2位 | 対話や行動が他人と異なっている時（55.6） | 他人からの非難（32.4）<br>自身の良心から来る（32.4） |
| 3位 | 他人からの非難（46） | 対話や行動が他人と異なっている時（27） |
| 4位 | 自身の良心から来る（22.2） | 私の欲望が罰せられる（18.9） |
| 5位 | 私の欲望が罰せられる（11.1） | 神仏から許されない（10.8） |

以上、本章では社会的脱落青年を作らない取り組みを国を挙げて実施しているニュージーランドにおいて、その社会環境下にある青年層の意識調査を行った結果、ニュージーランドの青年たちの方が心身不安兆候が少なく、独立心が強いだけでなく、その底に深い宗教心を有していることが分かった。

# 第9章 「社会的脱落層」支援の構造

## 第9章 「社会的脱落層」支援の構造

　人生において、とるべき方向付けは、家庭という私的な場面で少数の指導者から学び、原則が内化され、高度の安定性を獲得していく。科学的にものを考える習慣が生まれてくると、人間の営為・思考についても宗教的・精神論的な考え方が薄れ、合理的・個人的態度が強調される。富と権力の獲得競争社会で生きる者は、その社会体制の中で落伍者にならないために競争し続けなければならない。競争の力学は、仕事の分業化を進行させ、各個人に対し様々な役割を与えてそれを強制する。
　"内部指向型"の子どもは、家から離れてまっすぐに目標に向かって、進み続け、飛んでいくことを学び、その行動に主体性が生まれ、強い内的な確信をもつ。彼らは個性的で努力型・立身出世型の優秀児に分類される。それに対するのが"他人指向型"で、現代資本主義社会で著しく増えたタイプである。彼らの特徴は次のように表現できるとディヴィッド・リースマンは示唆し、他人指向型は平均的な人に多いと表している。

---

1．子どもは、両親の感情的な緊張の場面に直接接触しているために、他人との関りにおいて自己意識が高い。
2．親は、自分よりも偉いのだという感覚を持ち合わせていない。
3．都市の中で自分がやらなければならない仕事は何もない。
4．兄弟の家庭教育の役割は無いと考える。
5．仲間よりも抜きんでている人は、同じ鋳型にはめこんで考える。
6．不正直が悪徳であり、目立つことは悪徳と感じている。

---

　安定的日本社会においては、政府も企業も、そしてさまざまな職業も著しく官僚化されている。そこではもはや一人ひとりの人間が「どのような人間であるか、彼が何をするか」ということはあまり重要でなく、より重要なのは「他人が彼をどう思っているか」「他人をどれだけ上手

く操れるか」が問題となる。他人指向型の人間の持っている心理的操舵は、不安定なジャイロスコープに頼って舵を取るような形で生涯の目的に向かってふらふらと前進する。手近にある目標は、常に動揺し変化するのでそれに従う。この舵取り法は幼年期の経験を通じて備えられる。

　近年は教育程度が向上して、工業や農業の機械化の効率が良くなり、日常の必需品の獲得には事欠かない。この変化により家族や育児法の家事作業は大幅に軽減された。家族は小規模化したものの、核家族化の弊害として親となった女性は、子育てを祖父母から学ぶことが無くて"子育てへの自信"がなく、自由＝放任（甘やかし）の育児を是として、昔風の厳しい躾は行われなくなった。それが様々な社会層にまで広がり、"放任主義が当然"との風潮が一般化した。両親たちは、子どもに対して"やさしい"ことを重視し、家庭内教育や躾を軽視する。子どもたちは親が悩みの相談相手にならないことから、同じ年齢層・社会層の仲間集団をより重要と考えるようになった。その結果、同時代の人の意見を人生の指導原理にするということが、幼児期から植えつけられ「内面化」されてゆく。この繰り返しにより、他人からの信号にはたえず細心の注意を払うと同時に、友人に対して行動面の同調性が自然と育まれる。他人の行為や願望に対しての感受性が敏感になる反面、親の存在は当然の生活基盤であると考え、そこには指導を求めなくなっていく心理的発育状況が現在の若者には潜在する。

　日本社会全体が貧しかった時代には若者層は自由を追求する経済的および時間的な余裕がなく、自己の考えに合わない事柄に対しては多少の妥協を強いられても、我慢しつつそれに対処することが出来た。しかしながら、平均的知的水準が高くなった今日の社会では、若者層が親の期待する教育や職業に就くにはハードルが高くて達成が困難なものになりがちである。そのために若者層は、自己の能力や教育や環境的背景から

## 第9章 「社会的脱落層」支援の構造

判断した自分の位置の低さを自覚して、社会に進出するメリットが感じられず精神的成長をあえて自己遅延させる行動をとることが少なくない。いわゆる"モラトリアムな行動"をとる若者のことである。

「日本における現在のモラトリアム青年は、社会的弱者である」と唱える人もいる。同様に私どもの前回研究においても、「日本人青年層の多くが身体的精神的に疲弊した状況に追い込まれ、無気力になっている」との統計的結果が示された。教育競争はなお加熱しているものの、学習結果が将来の就職を保証するものでなく、学業成績が優れていない生徒たちにとっては不透明で不安定な経済・社会性での自分の未来には非常に不安を募らせる。それらを含む多くの要因が複合して、現代の「不登校」「引きこもり」「ニート」の増加を来たしているものの、特に第2次世界大戦後の経済・教育施策、および潜在的宗教心の薄さが大きく原因しているものと推察できる。

"自分と自分以外の違いを認めることの出来ることの能力"は、エリクソンのアイデンティティの「同一性発達理論」に関連する事項である。戦後教育の基本とされた旧「学習指導要領」は、戦前の古い体制を支持する教育思想から、米国的民主主義に急旋回するべく作成された。そこでは個人の権利を尊重する思想が強調されたものの、経済優先思想が先行し、教育が経済を後追いする形となった。すなわち未消化な民主主義教育が推進されたことにより、「生活の質の豊かさ」の影で「ココロの豊かさ」が忘れ去られ、多数の学力不足による「社会的脱落層」を社会全体が抱え込むようになった。1970年当時、受験教育や詰め込み教育の是非が課題となり、1975年には「ゆとり充実教育」が提唱された。1991年に「個性を生かす教育を充実する」とする「新しい学力観」が提唱され、1996年には、「社会が変化しようとも、自分で課題を見つけ、自ら学び、自ら考え、主体的に判断し、行動し、よりよく問題を解決する資

質や能力（生きる力）を養うことが大切である」とされ、2001年、2002年のアピール「学びの勧め」として、「確かな学力」の向上が図られた。しかし、現在の教育現場では「総合的な学習の時間」と「学力向上」を、どう均衡をとるかに教師は忙殺され、理念と現場との乖離から与えられた課題を消化できずに苦しんでいた。このような文部省による諸改革案が出されたものの、学力が不足したり就職に失敗したりする「社会的脱落層」に対する救済効果はなく、逆に脱落層に対しては、"夢を奪い、無力感を与える"ことを加速させた。

このことから「ゆとり充実教育」の抜本的是正の必要性が2006年現在に議論されるようになった。

今回の私の調査において、現代の青年の中で「子どもの頃、自己の課題を設定して取り組んだ者」は「他人に関心」が高く、積極性があることが示されていた。このことは、子どもにとって家庭における自由な思考を享受できる環境や教育や自然関係との交流が、子どもの感性の熟成に必要であることを意味している。しかし日本の第2次世界大戦後の経済至上主義教育と学力競争原理は、個性ある能力の育成を軽視し、"学力"や"優秀校への進学"だけを評価基準として"優れていない"とレッテルを貼られた子どもたちに対し、劣等感と不安感を煽ってしまった。このことは、子どもを取り巻く環境の改善が子どもたちにとって良好とは言えず、日本社会としてその解決が急務であることを意味する。

現在18歳から22歳に相当する青年層の教育は、昭和59年より個性重視、生涯学習体制への移行、経済社会変化への対応教育の世代であり、高齢化・少子化に入り始めの世代であり、平成3年のバブル経済崩壊を経験した世代であり、学校の教育用コンピュータ、インターネットアクセスの整備がされIT教育を経験した世代でもある。自主的教育の名目の下に学校教育を終えた彼ら"団塊ジュニア世代"は、職業選択において職

## 第 9 章 「社会的脱落層」支援の構造

種よりも会社のブランドにこだわり「働くことの大切さを知らず遊ぶことを生きがい」とし、「我慢することが出来ず」「考えも行動も日替わりメニューで自分の将来に対する目標が持てない」などの言動が見られる。このような行動パターンは、学童期における引っ込み思案や抑制的な行動、ソーシャル・スキルの低さ、乳幼児期における不安定な意識を引きずっているのではないかと考えられる。そして、そのアイデンティティが確立できずにモラトリアムを認める意識が、彼らの次世代に「引きこもり」思考として継承されることを憂慮する。

　日本の「ニート」の子どもたちは、社会が変化しようともそれに関係なく生活し、自己成長に努めねばならない。子どもたちは情緒性、運動性、社会性、認知性、言語性などを、生活体験を通して獲得する。「子ども時代は、動きながら身体を動かし、環境と積極的に自ら関わり、目的を設定して成長していくことが必要である」とイタリアのM・モンテッソーリが説いている。しかしながら、日本の過剰な程の知育偏重の早期教育は、子どもの健全な心身の発育に弊害をもたらしていることは否定しがたい。従来の日本では、遊びを通して想像力を働かせる体験があった。「みたて遊び」「ゴッコ遊び」「本を読み聞かせること」などは、頭と一緒に身体を動かすことによって、「子どもの頃から物事に対する課題を設定して、その取り組みを」することを学習し、子どもなりの体験世界を生むことが必要である。この遊びの体験が「人間関係が上手くいくこと」から、さらに「他人への関心を育てるのに役立つ」社会や文化の変化の下で、いかに情報が多様化しても、子どもにとって"こころから楽しめたり、感動でこころが洗われたりする体験"、"知的に刺激されたり、穏やかな気分になれたりする体験"は、ストレスをプラス刺激に変換させ、脳を守り、癒し、安定化させる働きがある。"ストレスフルな刺激をいかにコントロールできる（コーピング）"かは、状況に応

じて適切なコントロール法を選択する能力を持って行動に向かうことの体験」の問題であり、この能力は子どものころに育て上げられる。だから、子どものときに最適な教育環境を社会と家庭が提供する義務がある。
　日本は戦後、欧米の指導下、憲法26条の「教育を受ける権利」で「国が必要な人材を得るためではなく、"個人が幸福を追求する"ための教育が必要であり、最低限の教育を国が保障する」との形を取っている。これは憲法25条の生存権と同様、源流は戦前のドイツのワイマール憲法に遡るものである。そして戦後教育の成果は、世界でも過去に例のないほどの経済成長と、それによる「物質的豊かさに代表される幸せ感」を国民全体に感じさせたことであろう。とりわけ団塊の世代は、高度経済成長で国家経済の大きさは猛烈に拡大し、学校に行けば大半の子は親に比べて教育の成功者になるとの幻想を抱かせたようである。親は子どもを成功者にすることに汲々となり、子どもを過保護にし、叱ることを忘れた。しかしながら就学率が飽和し、経済の大きさが縮み始めると、社会も個もあせりと不安に駆られるようになってしまった。そしてココロのゆとりと豊かさが失われてしまった。自分の子どもだけは社会的脱落者にさせまいとの利己的思惑から、子どもたちの教育に競争原理がもちこまれ、親の期待に応えられなかった子どもたちは、「校内暴力」や「いじめ」や「不登校」へと逃避した。大人は日常生活からくる過剰な多忙さから心身疲労をきたし、複雑な対人関係のストレスを増し時間を失くし、子どもを放擲するようになった。現代の子どもたちは、孤独さに苦しめられ、失感情・抑うつ傾向などの兆候を表現するようになってしまった。
　すなわち社会病理性が「社会的脱落層」を生んだことから、その子どもたちには社会福祉的施策が必要となる。
　子どもたちは、人間形成のための経験獲得のために、驚くほどの学習

力と吸収力を有するが、自分の経験と善悪の判断に反する事象に対しては極めて脆弱である。その結果として自己矛盾からストレスに陥り、反発力のない子どもは回復不可能となり回避的行動ないし反社会的行動をとる。NHK放送文化研究所の「現代日本人の意識構造」によると、"1969〜1983年に生まれた現在37〜23歳の団塊ジュニア"は、伝統離脱思考と遊び思考が最も強い。彼らはGNPが世界第二位という環境で育ったものの、社会に出る段階では、長引く不況と重なったことと、テレビゲームやパソコンなど、メディア環境が多様化した中で育ち、モラトリアム思考が強い。彼らに次ぐ"18〜22歳の新人類ジュニア"は、団塊ジュニアよりもモラトリアム意識がより強い。いずれもが昭和30年からはじまった旧道徳教育を受けた層であり、ここでも教育と経済の連鎖とその重要さを示唆するものであろう。

そこで今、私どもが「社会的脱落層」に関して考えるべきことは、それらの脱落層の形成を許容してきた日本社会の政策的教育的問題を真摯に受け止め、彼らを疎外することなく国家として社会福祉的支援策を講ずることであり、その先鞭として「教育施策の抜本的見直し」を講ずることであろう。

# 終章 「社会的脱落層」の低減にむけて

終　章　「社会的脱落層」の低減にむけて

　現代青年層に共通し潜在する「引きこもり」をもたらす心身上のストレスサインを見出すことは、「引きこもり」の社会的病根を少なくする方策の一つであることから、私は継続的に、意識研究を行い次のような結果を得た：

①日本の「社会的脱落層」（「不登校」「ひきこもり」「ニート」を含む）の出現率は、日本の経済変動指数としての失業率と相関して変動し、特にバブル期後に急増していった。国際比較上でも失業率と「引きこもり」（外国調査では「ニート」）出現率と相関するものの、日本が他国と比較して確実に高率であった。

②「社会的脱落層」と同世代の青少年層には、自己アイデンティティの喪失、自信の喪失が見られた。その結果として心身症的兆候（ストレスサイン）を強く表現していた。

③ストレスの原因として、ライフイベントの関わりは低いことが、国際比較調査で示された。ケニア、エジプト、オーストラリア、ニュージーランドでは、国の経済的・社会的・文化的背景の違いがあるものの、ストレスサインの発現は低かった。このことは生活に関わる社会的背景が強く影響していることを示唆していた。

④自己解決のできないストレスフルの状態が、逃避的行動をとらせ、「不登校」「引きこもり」などを誘導したものと考えられる。

⑤第2次ベビーブーマーと、その20−30年後の第3次ベビーブーマーに「引きこもり」出現率が高いことから、経済に連動する国の教育施策（教育を含む）が「引きこもり」を生み出す要因のひとつであることが示された。

⑥文部省の教育指導要領は、表面的な個の教育を謳っていたが、実態は集団体制維持型の教育が続けられ、集団の中の個は軽視されており、過当な競争が「社会的脱落層」を増加させた。社会はそれを容認し

た。
⑦国連は「不登校」児問題等に関わる日本の教育の問題是正を日本政府に求めたが、日本国はそれを無視した。
⑧しかし近年の人口減少、少子化、「社会的脱落層」の増加に対応するため、国家として何らかの対応が必要となった。
⑨「社会的脱落層」は社会制度の欠陥から生じたものであることから、今後何らかの社会福祉的施策が必要であると同時に、教育指導法の抜本的改訂が求められることを結論とした。

　ここ数年日本国内はマネー資本主義が極端に走り、貧富の差の拡大（2極化）が加速してきた。2006年度の内閣諮問委員会の医療制度改革委員会の答申案では、それまでの健康保険制度が皆保険制平等医療方式であったのが、以降国民医療はナショナル・ミニマムとし、富裕層は自己支払い金を増やすことで高度の医療を受けうるが、貧困層は最低医療であることを容認することとなった。先進7カ国中の国民医療費は国民一人あたりのGDPは日本が8％足らずであるのに対し、他の国は10％と高く、医療福祉施策の不足で現在の日本では、病人が高い医療費に苦しんでいる。もし病気や怪我で失業したら、貧乏人は自己負担額が大きすぎ、良い医療は保障されなくなった。「一着60万円のスーツや2000万円のクルーズが人気となっている。この経済動向を見て政府は景気回復・デフレ脱却・戦後最長の好景気の持続と喧伝する。しかし、国民の3人に1人が非正規雇用者であり、年収200万円以下の人が981万人（全体の17.8％、05年は981万人21.8％）に増加し、若者に『フリーター』が多く、リストラされた中高年層にはワーキングプアーが広がり、今の景気は企業と富裕層のみが恩恵を受けている"リストラ景気"に過ぎない」と新聞は報道する。同日に日本銀行が公表した「生活意識アンケート」結果

終　章　「社会的脱落層」の低減にむけて

では、「前年に比し収入が減った」との回答が45.0％に達したことから、個人の景況感（DI指数）が悪化したとなっている。「富の平等分配が不当である」と考える富裕層は、「お金儲けをすることがどうして悪い？」と開き直り、社会が社会福祉型共同社会へ向かうことに拒絶反応を示す。富者はますます富者となり、貧者はますます貧者となって格差社会となり、格差社会からの脱出が不可能な貧困層が増大する。その社会変貌をきたした中での青年層である、2001年の29歳以下の貧困率は20.9％であり非常に深刻であると橘木俊詔は述べている。これから一層、夢と希望を失い、ストレス徴候が強くなり、社会逃避をする傾向をとるようになるだろう。

　一方、OECD（経済協力開発機構）の調査による「学習到達度調査」結果での国際的地位は、数学的リテラシー・読解力リテラシー・科学的リテラシーが、2000年にはそれぞれ1位・8位・2位であったのが、2003年では6位・14位・2位と報告されていた。このことだけで評価するのは適切ではないが、日本の青年層の基礎学力低下は数多く指摘されている事項であり、このことを受けて政府は「教育再生会議」を設置し、学力と愛国心の高揚を目指した"教育制度改革"を図っている。

　私は長年高校教諭として、また「保健主事」「生徒指導部長」として指導してきた経験と大阪府高校教育「障害者担当理事」として、「障害者」と「引きこもり状態の青年」の対策をしてきた原体験から、「引きこもり青年問題」は社会福祉の一環として当らねばならないと痛感している。それは、子ども自身の内的な主体的な意識は、「物事に対する課題を設定して、その取り組みをする体験」から始まり、「主体的能動的な活動は、その体験に基づいて最適な行動を判断し、実行に移すべきである」と考えているからである。そのことから国家的教育制度の改訂は、回顧的国粋主義的なものでないことを願うとともに、デスク・プランで

なく経験を重視した討議になることを求めたい。

　これまでの"ゆとり教育"は学力重圧からの軽減を図ったものの、そこで生み出された時間的余裕は"遊び"に費やされ、"ココロの豊かさとゆとり"を作ることに失敗した。逆に教育現場では休日が増加したことにより、文部科学省が規程する「履修必須時間数」を消化できずに、追加的補修授業をせざるを得ない矛盾した事態が生じている。では、"ゆとりと豊かな自然・社会環境"、そして子どもたちにとって人間関係の豊かな「子ども期」を取り戻すにはどうしたらよいのだろうか？

　池本薫は直接体験と潤いのある人間関係の回復には一人ひとりの興味や関心、自発的な意志を促す教育が重要であることを指摘している。一方、"子どもたちのゆとり"の問題に対して、東京都青少年問題協議会からの1994年の意見具申が注目される。そこでは、①すべての子どもに森、海、山、村の4つの生活をさせる、②年に1度、数日間の家族休暇が取れる制度を設ける、③地域密着型スポーツクラブの育成、④地域の子どもが誰でも自由に遊べる「放課後の家」の設置、⑤子どもの生活圏の中にたまり場的な「空間」を設けるなどが提案されている。すなわち、東京都では、生活領域での"たまり場"を作ることが、"子どものゆとり問題を解決できる策"のひとつであるとしている。女性が社会で働くことが当たり前になっているニュージーランドや北欧では、「子どもは社会全体で、育てる」との理念のもとに、子どもたちのたまり場を教育・福祉の一環として早くから活用している。だから日本でも、"愛すべき子どもたちのために、自然と親しむ子どもの感性を高めうるたまり場を、社会全体として構築すること"をぜひ提案したい。

　以上、国・地域（町）、そして家庭の3者が一体となり、まず具体策として、①子どもが伸び伸びと自身で計画して遊び、話し合い、安らぎ

終　章　「社会的脱落層」の低減にむけて

を感じる自然に囲まれた遊空間を提供する、②悩みを持つ子どもが駆け込んで悩みを相談できる場を準備する、③子育てに悩む母親と父親への相談・支援施設を開設する、④児童相談所制度の拡充、⑤低所得家庭への転職支援、⑥「不登校」「引きこもり」「家庭内暴力」が認められる家庭の早期把握と社会的支援策実践、⑦下校時間後の子どもたちを集団で預かる施設の設置、⑧親と子どもが共に安心して学べる学習施設の運営などを図ること、⑨子どもを安心して産み育てられる環境の整備である。

　第2は国家施策的なことであるが、⑩これからの日本を創る子どもたちにより良い教育を与えること、⑪重税感なく安心して生活できる経済施策、そして⑫老後年金を含む安心して将来を過ごせる社会保障施策を確立することを希求する。それらはいずれも平和な共生を願う社会福祉の理想の実現そのものである。

　最後に、教育は軍事を重視する戦前への逆戻りの集団教育となってはならない。子どもたちの「個性を尊重し、生きがいのある未来を与える民主主義的なものでなければならない」ことを記し、本稿の筆を収めることとする。

付1）

## 教育基本法

昭和22(1947)年3月31日 法律第25号
昭和22(1947)年3月31日 施行

　朕は、枢密期間の諮詢を経て、帝国議会の協賛を経た教育基本法を裁可し、ここにこれを公布せしめる。

**教育基本法**
　　われらは、さきに、日本国憲法を確定し、民主的で文化的な国家を建設して、世界の平和と人類の福祉に貢献しようとする決意を示した。この理想の実現は、根本において教育の力にまつべきものである。
　　われらは、個人の尊厳を重んじ、真理と平和を希求する人間の育成を期するとともに、普遍的にしてしかも個性豊かな文化の創造を目指す教育を普及徹底しなければならない。
　　ここに、日本国憲法の精神に則り、教育の目的を明示して、新しい日本の教育の基本を確立するため、この法律を制定する。

**第一条（教育の目的）**
　　教育は、人格の完成をめざし、平和的な国家及び社会の形成者として、真理と正義を愛し、個人の価値をたつとび、勤労と責任を重んじ、自主的精神に満ちた心身ともに健康な国民の育成を期して行わなければならない。

**第二条（教育の方針）**
　　教育の目的は、あらゆる機会に、あらゆる場所において実現されなければならない。この目的を達成するためには、学問の自由を尊重し、実際生活に即し、自発的精神を養い、自他の敬愛と協力によつて、文化の創造と発展に貢献するように努めなければならない。

**第三条（教育の機会均等）**
　　1　すべて国民は、ひとしく、その能力に応ずる教育を受ける機会を与えられなければならないものであつて、人種、信条、社会的身分、経済的地位又は門地によつて、教育上差別されない。

付１）教育基本法

　　２　国及び地方公共団体は、能力があるにもかかわらず、経済的理由によって修学困難な者に対して、奨学の方法を講じなければならない。

第四条（義務教育）
　　１　国民は、その保護する子女に、九年の普通教育を受けさせる義務を負う。
　　２　国又は地方公共団体の設置する学校における義務教育については、授業料は、これを徴収しない。

第五条（男女共学）
　　男女は、互に敬重し、協力し合わなければならないものであつて、教育上男女の共学は、認められなければならない。

第六条（学校教育）
　　１　法律に定める学校は、公の性質をもつものであつて、国又は地方公共団体の外、法律に定める法人のみが、これを設置することができる。
　　２　法律に定める学校の教員は、全体の奉仕者であつて、自己の使命を自覚し、その職責の遂行に努めなければならない。このためには、教員の身分は、尊重され、その待遇の適正が、期せられなければならない。

第七条（社会教育）
　　１　家庭教育及び勤労の場所その他社会において行われる教育は、国及び地方公共団体によって奨励されなければならない。
　　２　国及び地方公共団体は、図書館、博物館、公民館等の施設の設置、学校の施設の利用その他適当な方法によって教育の目的の実現に努めなければならない。

第八条（政治教育）
　　１　良識ある公民たるに必要な政治的教養は、教育上これを尊重しなければならない。
　　２　法律に定める学校は、特定の政党を支持し、又はこれに反対するための政治教育その他政治的活動をしてはならない。

第九条（宗教教育）
　　１　宗教に関する寛容の態度及び宗教の社会生活における地位は、教育上これを尊重しなければならない。
　　２　国及び地方公共団体が設置する学校は、特定の宗教のための宗教教育その他宗教的活動をしてはならない。

第十条（教育行政）
　　１　教育は、不当な支配に服することなく、国民全体に対し直接に責任を負つて行われるべきものである。

2　教育行政は、この自覚のもとに、教育の目的を遂行するに必要な諸条件の整備確立を目標として行われなければならない。

第十一条（補則）

　この法律に掲げる諸条項を実施するために必要がある場合には、適当な法令が制定されなければならない。

附則

　この法律は、公布の日から、これを施行する。

付2）

国連子どもの権利委員会の日本への見解

最終見解；日本　2004年2月26日　条約略称CRC

基本的保健及び福祉において、
No45.青少年の健康にストレスや鬱を含む精神的感情的障害が多く見られること、及び青少年の精神面の健康について包括的な戦略が欠如していることについて懸念する。委員会は、締結国に対し、青少年の健康に関し、適当な場合には予防措置も含む、精神面の健康、性と生殖面の健康、麻薬中毒及びその他の関連問題に対処する包括的性政策を策定するために、青少年の健康に関する調査を実施することを、勧告する。

教育・余暇そして文化的活動において
No49. 委員会は、締結国の、教育制度を改革し、条約により適合させるための努力について留意する。しかしながら
（a）教育制度の過度に競争的な性格が児童の心身の健全なる発達に悪影響をもたらし、児童の可能性の最大限な発達を妨げること、
（b）高等教育への入学の過度な競争が、公的な学校教育が私教育により補完されていることを意味し、それは貧困家庭の児童が受けることのできない教育であること、
（c）児童の問題や学校での争いに関する親と教師の間の連絡及び協力が限られていることについて懸念する。
No50. 委員会は、締結国が
（a）生徒、親及び関連するNGOの意見を考慮しつつ、全ての高校卒業生が等しく高等教育を受けられるよう、高い教育の質を維持しつつ、学校制度の競争的生活を軽減するためにカリキュラムを再検証すること、
（b）生徒、親の協力により、学校における諸問題や争い、特にいじめを含む校内暴力に効果的に取り組むための手段をとることを勧告する。

▶参考資料　調査表◀

## 健康と豊かさのアンケート調査

この調査は、日本と世界7ヶ国で調査されます。

よろしくご協力をお願いします。

＜ 調 査 者 ＞

1、　長崎純心大学教授
　　　社団法人 長寿文化協会WAC会長
　　一番ヶ瀬　康子

2、　平塚　儒子

（以下は、調査表を縮小したものです。）

## ひとびとの健康と豊かさのアンケート

次の1～について①～等、該当する□にレ印をつけ（ ）内に適当な語句や数字を、ご記入下さい。

| 調査　／　日 | 西暦　　年　　月（生） | 年齢　　歳 | 性　男・女 | 日本 |
|---|---|---|---|---|

1．今の生活についてこたえてください。
　□(1)職業がある
　　　□①座って出来る仕事　□②座る仕事と立ち仕事　□③立ち仕事　□④かなり力仕事
　□(2)家事中心である
　□(3)生徒や学生である
　　　□①小学校　□②中学校　□③高等学校　□④専門学校（　　　　）□⑤大学（　　　　）
　　　□(4)その他（　　　　　　　　　　　　　　　　　　　　　　　　　　　　　　　　）

2．最近に変化がありましたか、該当すればレ印を□に記入してください（いくつでも、けっこうです）
　　　□①新しい仕事（勉強）　　　　□②環境の変化（例えば 辞職、解雇、等　　　　　）
　　　□③自分に対する期待の変更　□④新チームの仕事がある　　□⑤特別な責任が生じた
　　　□⑥住居の変化　　□⑦友人あるいは家族の危機（　　　　　　　　　　　　　　　）
　　　□⑧損害を受けた,事故にあった　□⑨仕事(勉強)と家族との対立　□⑩その他（　　）

3．次のような状態がありますか、あれば強い状態の順に( )内に番号をつけてください（いくつでも、けっこうです）
　　　□(1)該当する状態がある　　　　□(2)該当する状態はない

①脱力感（　）②ねむけ（　）③頭痛（　）④肩がこる（　）⑤目の疲れ（　）⑥脚がだるい（　）
⑦屑がだるい（　）⑧倦怠感（　）⑨気がちる（　）⑩思考力減退（　）⑪背がだるい（　）
⑫その他（　　　　　　　　　　　　　　　　　　　　　　　　　　　　　　　　　　　）

4．疲れたときに次のようなことをしますか、あればよく行なう順に（ ）内に番号をつけてください（いくつでも、けっこうです）
　　　□(1)該当する項目がある　　　　□(2)特になにもしない

①眠る（　）　②マッサージする（　）　③深呼吸する（　）　④洗顔する（　）　⑤好きな物を飲む食べる（　）（　　　　　　　）　⑥雑談する（　）　⑦運動する（　）　⑧黙想する（　）　⑨外を見る（　）
⑩新聞を読む（　）　⑪その他（　）（　　　　　　　　　　　　　　　　　　　　　　　）

5．現在の身長と体重についてこたえてください
　(1)身長（　　　　）cm　(2)体重（　　　　）kg

6．次の機器を使っていますか
　(1)パーソナルコンピューターを使っていますか
　　　□① はい　　　　□② いいえ

　　また①とこたえた方は、該当時間にレ印を付けて、さらに（　）内にこたえてください
　　　□①1時間以内／1日　□②1～2時間／1日　□③2～3時間／1日　□④3～4時間／1日
　　　□⑤4～5時間／1日　□⑥5時間以上（　　　　）／1日
　　　（使用目的：たとえばインターネット、　　　　　　　　　　　　　　　　　　　　）

参考資料　調査表

Your Health And Wealth

| Date of survey: | Date of birth (　/　/　) | Sex ( m, f ) | Nationality (　　　　) |

1. Please answer the following questions about your daily life.
   (1) Occupation
   ☐ ① desk work          ☐ ② desk work and physical labor
   ☐ ③ physical labor (light)   ☐ ④ physical labor (heavy)
   ☐ (2) Housework
   ☐ (3) Student :
      ☐ ① elementary school  ☐ ② junior high  ☐ ③ senior high  ☐ ④ technical school
      ☐ ⑤ junior college    ☐ ⑥ university (college)
2. Please mark any changes you have experienced recently.
   ☐ ① New occupation (studies)  ☐ ② New circumstances (e.g. retirement, dismissal, etc.)
   ☐ ③ Expectations toward you   ☐ ④ New project
   ☐ ⑤ Special responsibility    ☐ ⑥ Moving house
   ☐ ⑦ A crisis among friends or family members  ☐ ⑧ Injury or accident
   ☐ ⑨ Conflict with family members or others    ☐ ⑩ Other(　　　　)
3. Do you suffer the following conditions?
   ☐ (1) Yes      ☐ (2) No
   (　) ① exhaustion    (　) ② sleepiness    (　) ③ headache    (　) ④ stiff shoulders
   (　) ⑤ eye strain    (　) ⑥ heavy legs
   (　) ⑦ heavy shoulders    (　) ⑧ weariness
   (　) ⑨ Decrease in ability to think    (　) ⑩ aching back
   (　) ⑪ Other(　　　　)
4. When you are tired, do you take any of the following actions? If so, put 1,2,3...in the order of frequency.
   ☐ (1) Yes      ☐ (2) No
   (　) ① Sleep    (　) ② Massage    (　) ③ Deep breathing    (　) ④ Wash face
   (　) ⑤ Eat or drink something    (　) ⑥ chat
   (　) ⑦ Take exercise    (　) ⑧ Meditate
   (　) ⑨ Look outside    (　) ⑩ Read a newspaper
   (　) ⑪ Other(　　　　)
5. Do you use a computer?
   ☐ (1) Yes      ☐ (2) No
   How long do you use it in one day?
   ☐ ① less than one hour    ☐ ② 1-2 hours    ☐ ③ 2-3 hours    ☐ ④ 3-4 hours
   ☐ ⑤ 4-5 hours    ☐ ⑥ more than 5 hours (　　hours)
6. Do you watch TV?
   ☐ (1) Yes      ☐ (2) No
   How long do you watch in one day?
   ☐ ① less than one hour    ☐ ② 1-2 hours    ☐ ③ 2-3 hours    ☐ ④ 3-4 hours
   ☐ ⑤ 4-5 hours    ☐ ⑥ more than 5 hours (　　hours)
7. Do the following apply to you ? if so, put 1,2,3...in the order of importance.

| A | B |
|---|---|
| ☐ (1) Yes　☐ (2) No<br>(　) ① I have stiff shoulders. | ☐ (1) Yes　☐ (2) No<br>(　) ① I have dizziness or feel giddy when I get up. |

157

( ) ② I have a pain in the hips or the back.　　( ) ② I have headaches.
( ) ③ I always take a seat in the train.　　　　( ) ③ I am concerned about my weight and shape.
( ) ④ I have an arched back.　　　　　　　　( ) ④ I have constipation.
( ) ⑤ My heart beats fast or I am short　　　　( ) ⑤ I have stomachache.
       of breath when I take exercise.　　　　　( ) ⑥ I have nausea and vomiting.
( ) ⑥ I don't recover form muscle pain for　　( ) ⑦ I regularly eat too much or too little.
       several days after playing sports.
( ) ⑦ My muscle power is decreasing.

C                                             D

☐ (1)Yes   ☐ (2) No                           ☐ (1)Yes   ☐ (2) No
( ) ① I have poor concentration and memory.   ( ) ① I have objectives to attain.
( ) ② I feel tired.                           ( ) ② I like challenging new objectives..
( ) ③ I don't recover easily from my mental fatigue.  ( ) ③ I can work well with talking and
( ) ④ I can't get up early and am slow in            cooperating with others.
       movements.                             ( ) ④ I recognize that I am important.
( ) ⑤ I can't fall asleep easily and can't sleep   ( ) ⑤ I am satisfied with my life.
       well.                                  ( ) ⑥ I can discover the way to achieve my
( ) ⑥ I feel depressed and alienated from my        objectives by myself.
       friends or co-workers and can't join
       them.
( ) ⑦ I am irritable and ready to be provoked
       to anger.

8. What is your weight and height?   Weight(     ) kgs   Height(     )cm

9. What are the objectives of your life? Put 1,2,3..., in the order of importance.

    ( ) ① I have an interest in safe food.          ( ) ⑦ I try to make the base of a mutual
    ( ) ② I try to realize my ambition of seeking         support system.
           a life worth living.                    ( ) ⑧ I will live with my children.
    ( ) ③ I try to realize an independent life.    ( ) ⑨ I will have my partner look after me
    ( ) ④ I will improve my surroundings to               when I grow old..
           live comfortably.                       ( ) ⑩ I will have the same purpose as elderly
    ( ) ⑤ I try to keep healthy in mind and body.         people and disabled people
    ( ) ⑥ I will live an active and positive life.        (house, facilities,etc)
                                                   ( ) ⑪ Other(                          )

Thank you very much for your assistance.

Investigators
Yasuko ICHIBANGASE and Jyuko HIRATSUKA

参考資料　調査表

## つなぎあいの心

調査日（　月　日）（　　年　　生まれ）性別（　男・女　）
つぎの項目で該当する内容について、□はレ印、（　）は数字や事柄でお願いいたします。

1．こどもの頃、家の中で、おもに家族のだれと一緒にすごしていましたか？
　　1）□父、2）□母、3）□祖（父・母）、4）□兄弟・姉妹、5）その他（　　　　　　）

2．こどもの頃、体温は36℃以下の時がありましたか？
　　　　　1）□はい　　　　2）□いいえ　（　　　　　　　　何歳ごろ）
3．子どもの頃から現在まで、昼間でも常に眠いと感じたことはありましたか？
　　　　　1）□はい　　　　2）□いいえ
4．自分はどちらかというと、人間関係が、へた、だと思いますか？
　　　　　1）□はい　2）□いいえ　3）□人や場で変わる（　　　　　　　　）
5．自分は他人に関心が少ない、無いほうである
　　　　　1）□はい　2）□いいえ（関心がある）　3）□あったり無かったりする
6．こどもの頃、物事にたいする課題を設定したり、取り組みをしましたか。
　　　　　1）□はい　　　　2）□いいえ
7．地域活動に積極的に参加する機会があって活動しましたか？
　　　　　1）□活動した　2）□いいえ　　（例、祭り、等　　　　　　　　　）
8．あなたは、こども時代に親から次のものを与えられましたか？
　　　　　1）□はい　　　　2）□いいえ
　　　1）□お金　2）□物　3）□学習塾　4）その他（　　　　　　　　　　）

9．こどもの頃、兄弟・姉妹とともに次の思い出がありますか？
　　　　　1）□はい　　　　2）□いいえ
　　1）□教えあった　2）□助け合った　3）□分け合い・与え合った　4）□意見をいい合った　5）互いに、こたえを見つけあった　6）いつも兄弟・姉妹と一緒にいた　7）□よく、けんかをした　8）一人でいた　9）その他（　　　　　　　）

10．最も好きだったものを書いてください（例、動物、音楽、読書、人、スポーツ等　）
　　　こどもの頃（　　　　　　　　）現在（　　　　　　　　　　　）

ありがとうございました
　　　　　　　調査者　四天王寺国際仏教大学大学院博士課程　教授　巽　　典之
　　　　　　　　　　　　　　　　　　　　　　　　　　　　　　　平塚　儀子

## Your relationship with other people

date of survey (    /    ) ,date of birth (    /    /    ), sex( m . · f )
please answer the following questions.

1. Who did you spend most of your time at home with in your childhood?
   1) ☐ mother, 2)☐ father, 3)☐ grandmother, 4)☐ grandfather, 5)☐ brother (sister),
   6)☐ uncle , 7)☐ aunt, 8)☐ others (

2. Did your temperature ever go below 36 degrees when you were a child?
   1)yes ☐   2) no ☐.

3. From when you were a child to the present, have you always felt sleepy during the daytime?
   1)yes ☐   2) no ☐.

4. Do you think you had communication problems when you were a child?
   1) yes ☐   2) no ☐.   3) other(

5. Do you feel that you were not interested in others?
   1) yes ☐   2) no ☐.

6. Did you feel like you achieved your goals when you were a child?
   1)yes ☐   2) no ☐

7. Did you have any opportunities to participate in local activities positively and did you actually participate?
   1) yes ☐   2) no ☐.

8. Did your parents often give you any of the following things when you were a child? If so, which one(s) did they give you?
   1) yes ☐   2) no ☐.
   1) money ☐ , 2) things ☐, 3) an opportunity to go to extra tuition ☐,
   4), any other(

9. Do you have memories of spending time with your brothers or sisters when you were a child? If so, which memories do you remember?
   1) yes ☐   2) no ☐
   1) ☐ teaching each other 2)☐ helping each other 3)☐ sharing with each other
   4)☐ exchanging ideas 5)☐ finding the answers to questions with each other 6)☐ Being close to each other physically 7)☐ having a quarrel.   8)☐ feeling alone   9)☐ other(

Thank you very much for your assistance
Researchers: TATSUMI and HIRATSUKA
SHITENNOJI International Buddhist University Graduate

参考資料　調査表

## ひとびとの健康と豊かさのアンケートⅡ

次の1～について①～等、該当する□にレ印をつけ（　）内に適当な語句や数字を、ご記入をおねがいいたします。

| 調査　／　日 | 西暦　年　月（生） | 年齢　　歳 | 性 男・女 | 日本 |
|---|---|---|---|---|

1．次のようなことがらが現在、ありますか、あればA群、B群、C群別に、（　）内にレ印を付けて下さい。（いくつでも、けっこうです）

| A 群 | B 群 | C 群 |
|---|---|---|
| （　）①肩こりがする | （　）①めまいや立ちくらみがする | （　）①集中力と記憶力が劣っている |
| （　）②腰や背中の痛みがある | （　）②頭痛がする | （　）②だるくて疲れやすい |
| （　）③電車で空いている席があれば必ず座る | （　）③体重や体形が気になる | （　）③休日ゆっくりしても精神的な疲れが取れない |
| （　）④背中が丸くなった | （　）④便秘がある | （　）④朝早く起床できなくて、行動がのろい |
| （　）⑤動悸や運動時の息切れがする | （　）⑤腹痛がある | （　）⑤寝つきが悪く眠りが浅い |
| （　）⑥スポーツ後の筋肉痛が2～3日取れない | （　）⑥悪心や嘔吐がある | （　）⑥学校や職場では疎外感があり、溶け込めない、ゆううつである |
| （　）⑦筋力がおちている | （　）⑦食事は過食であったり摂らなかったりする | （　）⑦いらいらして．怒りっぽい |

Ⅱ．次のような症状が現在または過去にありますか（複数回答可）
　1）このような兆候が過去からありましたか、　　1．□ある　　2．□ない
①□目の疲れがある　②□肩がこる　③□眠気がある　④□脱力感がある、　　（　　　　　）歳ころ
　2）このような兆候が過去からありましたか　　1．□ある　　2．□ない
①□吐き気と嘔吐がある　②□腹痛がある　③□下痢がある　④□めまいがある頭痛がある
⑤□発熱が熱がよくあった、　　　　　　　　　　　　　　（　　　　　）歳ころ
　3）次のような兆候が過去からありましたでしょうか　　1．□ある　　2．□ない
①□不機嫌である、　②□逃避する、　③□反抗する．　④□拒食がある、　⑤□寡黙である、
⑥□ぐずぐずした行動がある、　⑦□焦燥感がある．　⑧□孤立感がある、（　　　　　）歳ころ
　4）次のような兆候が過去からありましたでしょうか　　1．□ある　　2．□ない
①□気分が落ち込む、　②□ブレーキがかかったように考えが進まない、　③□何をしても興味がもてない、　④□不安感がある、　⑤□集中力・注意力の低下がある　⑥□自責がある．　⑦□寝付いて目が覚めたり、朝早く目が覚めて熟睡感がない、　⑧□全身がだるい、　⑨□動悸がある、　⑩□便

161

秘がある　　　　　　　　　　　　　　　　　　　　　　　（　　　　）歳ころ
　5）次のような兆候が過去からありましたでしょうか　　1.□ある　2.□ない
①□自分探しや夢を追いかけた　②□生活の安定や社会貢献（しゃかいこうけん）を考えられない
③□今、何がしたいか決められない　④□仕事ではしばられるのが嫌いである
⑤□就職活動したくない、面倒である　　　　　　　　　　　　　（　　　　）歳ころ

Ⅲ．1．特に、②の症状とそれが、①いつの時代か、レ印を□に、ご記入をおねがいいたします。
　①小・中・高・学生・成人において　②次の状態や兆候について（いくつでもけっこうです）

| | | |
|---|---|---|
| Ⅰ | 1)□小学校、2)□中学校、3)□高等学校、4)□大学・短大・専門学校、5)□成人 | 1)□目まい、立ちくらみがする、2)□腹痛がある、3)□寝つきが悪く眠りが浅い、4)□食事は過食であったり摂らなかったりする |
| Ⅱ | 1)□小学校、2)□中学校、3)□高等学校、4)□大学・短大・専門学校、5)□成人 | 1)□悪心やむかつきがある、2)□動悸や運動時の息切れがする、3)□寝つきが悪く眠りが浅い、4)□朝早く起床できなくて行動がのろい |
| Ⅲ | 1)□小学校、2)□中学校、3)□高等学校、4)□大学・短大・専門学校、5)□成人 | 1)□便秘がある、2)□疲れやだるさを強く感じる、3)□電車で空いている座席にすぐ座る |
| Ⅳ | 1)□小学校、2)□中学校、3)□高等学校、4)□大学・短大・専門学校、5)□成人 | 1)イライラして怒りっぽい、2)□だるくて疲れやすい、3)□電車で空いている座席にすぐ座る、4)□休日ゆっくりしても精神的な疲れが取れない |
| Ⅴ | 1)□小学校、2)□中学校、3)□高等学校、4)□大学・短大・専門学校、5)□成人 | 1)□肩こりがする、2)腰や背中の痛みがある、3)□スポーツ後の筋肉痛が2～3日取れない、4)□筋力が落ちている、5)□体形を気にする |

2．上記の②の状態のあるときに、次のような変化がありましたでしょうか、
①□人付き合いをうまくする自信が無い、　②□自分の能力や適性にあった仕事が無い、
③□仕事をうまくやっていく自身が無い、　④□就労活動をあきらめた、
⑤□失業した（　　～　　）年、　　　　　⑥□フリータをした（　　～　　）年、
⑦□離婚があった、　　　　⑧□仕事が（体力・健康・価値観・関心・欲求）に合わない、
⑨□仕事（勉強）と家族との対立があった、　⑩□社会的（学校）から「引きこもった」、
　　　　　　　　　　　　　　　　　　　　　　「逃避」した（期間　　～　　歳）
⑪□不登校（　　～　　歳）　　⑫□ニート（　　～　　歳）
3．子どもの頃からのことを、教えてください、
1）人間関係（人とのかかわり）が「へた」「苦手」であった、　1)□そう思う、2)□思わない
2）子どもの頃、物事に対して、自ら課題をたてて、その取り組みを、1)□した、2)□しなかった
　ご協力ありがとうございました、お礼申し上げます。

　　　　大阪府羽曳野市学園前3-2-1　四天王寺国際仏教大学大学院博士後期課程　平塚　儒子

## Health and Lifestyle

Your age (        ),   Sex( □m. □f. ),   Nationality(                              )

Please answer the following question

1. Do you suffer the following condition ?        1)□ YES    2)□ NO
① □tired eyes.   ② □Stiff shoulder. .   ③.□Sleepiness .   ④ □Exhaustion .

2. Do you suffer the following condition ?        1)□ YES    2)□ NO
① □nausea and vomiting.   ② □stomachache.   ③ □diarrhea. ④ □headache with giddiness.   ⑤ □always feverish.

3. Do you suffer the following condition ?        1)□ YES    2)□ NO
① □ill-humored.   ② □always runs away.   ③ □offers resistance.   ④ □Anorexia occurs.   ⑤ □silent.   ⑥ □Action is slow.   ⑦ □There is a feeling of impatience.

4. Do you suffer the following condition ?        1)□ YES    2)□ NO
① □There is a feeling of depression.   ② □It seems that the break worked.
③ □Nothing is interesting.   ④ □Uneasy.   ⑤ □Poor concentration and memory.
⑥ □Responsibility for oneself.   ⑦ □I Can't fall asleep easily and can't sleep well.
⑧ □I feel tired.   ⑨ □My heart beats fast.   ⑩ □I have constipation.

5. Do you suffer the following condition ?        1)□ YES    2)□ NO
① □The dream was achieved only by carrying out the search for oneself.
② □A contribution to society which cannot consider stability of a life, is not desived, either.   ③ □Now, I cannot decide what I wants to do.   ④ □I dislike being chained by work   ⑤ .□I do not want to hunt for a job.

6. Is uneasy [ which do you feel ] in the following item?   1)□ YES    2)□ NO
① □Is uneasiness mainly coming from conscience?   ② □When danger is at hand.
③ □My speech and conduct may be different to others.   ④ □It is not allowed from God.   ⑤ □All of my desires or wish are punished.   ⑥ □Others' criticism.

7. Please mark any changes you have experienced recently.   1)□ YES    2)□ NO
① □ New Occupation (studies)   ② □New circumstances   ③ □New Expectations toward you   ④ □New project   ⑤ □Special Responsibility   ⑥ □Moving house
⑦ □A crisis among friend or family member   ⑧ □Injury or accident   ⑨ □Conflict with family member or others   ⑩ □Other(                                        )

Thank you very much for your assistance.

                Investigator
                SITENNOJI University Graduate School, Jyuko HIRATSUKA

## 健 康 と 将 来 展 望

次に当てはまる□にレ印をつけて、（　）内には適当な語句や数字または○で囲んでください。

（大正・昭和　　　）年生れ（　　）歳、（男・女）

Ⅰ 次に当てはまる番号にレ印（　）内には○印をつけてください。
1）□人付き合いをうまくする自信がない
2）□自分の能力・適正にあった仕事がない
3）□仕事をうまくやっていく自信がなくなった
4）□就労活動をあきらめた
5）□失業であることに（①あせる・②あせらない）『学生以外の方』
6）□フリーターをした経験がある
7）□仕事（勉強）上の責任の変化があった
8）□合併・組織替えなどの勤め先の変化があった『学生以外の方』
9）□職場（学校）の上司（先生や先輩）とのトラブルがあった
10）□転勤・配置転換があった『学生以外の方』
11）□身体的に（①体力・②体格・③健康）に合わない仕事であった
12）□性格的に（①欲求・②趣味・③関心・④価値感）が合わない仕事（勉強）であった
13）□仕事（勉強）は自分にとって（①未開発のもの・②技能のいるもの）は挑戦できない
14）□自分に大きなケガや病気を経験した
15）□（①家計状況の変化・②借金やローン）とのトラブルがあった
16）□（①失業・②退職）があった『学生以外の方』
17）□配偶者の（①死亡・②離婚・③夫婦別居）などのトラブルがあった
18）□（①親近者・②親友）の死があった

Ⅱ 次に該当する番号に○印を、その程度についてつけてください。
1）あなたは、自分のまわりで起こっていることがどうでもいい、という気持ちになることがありますか
　　　　　1　　2　　3　　4　　5　　6　　7
　　まったくない　←　　　　　　　　　　→　とてもよくある
2）あなたは、これまでに、よく知っていると思っていた人の、思わぬ行動に驚かされたことがありまか？
　　　　　1　　2　　3　　4　　5　　6　　7
　　まったくなかった　←　　　　　　　　→　よくある
3）あなたは、あてにしていた人にがっかりさせられたことがありますか？
　　　　　1　　2　　3　　4　　5　　6　　7
　　まったくなかった　　　　　　　　　　　いつもそうだった

## 参考資料　調査表

4) 今まで、あなたの人生は、
　　　　1　　　2　　　3　　　4　　　5　　　6　　　7
　明確な目標や目的　　　　　　　　　　　　　とても明確な目標
　はまったくなかった　　　　　　　　　　　　や目的があった

5) あなたは、不当な扱いを受けているという気持ちになることがありますか？
　　　　1　　　2　　　3　　　4　　　5　　　6　　　7
　とてもよくある　　　　　　　　　　　　　　まったくない

6) あなたは、不慣れな状況の中にいると感じ、どうすればよいのかわからないと感じることがありますか？
　　　　1　　　2　　　3　　　4　　　5　　　6　　　7
　とてもよくある　　　　　　　　　　　　　　まったくない

7) あなたが毎日していることは、
　　　　1　　　2　　　3　　　4　　　5　　　6　　　7
　喜びと満足を与えてくれる　　　　　　　　　つらく退屈である

8) あなたは、気持ちや考えが非常に混乱することがありますか？
　　　　1　　　2　　　3　　　4　　　5　　　6　　　7
　とてもよくある　　　　　　　　　　　　　　まったくない

9) あなたは本当なら感じたくないような感情をいだいてしまうことがありますか？
　　　　1　　　2　　　3　　　4　　　5　　　6　　　7
　とてもよくある　　　　　　　　　　　　　　まったくない

10) どんな強い人でさえ、ときには「自分はダメな人間だ」と感じることがあるものです、あなたは、これまで「自分はダメな人間だ」と感じたことがありますか、
　　　　1　　　2　　　3　　　4　　　5　　　6　　　7
　まったくなかった　　　　　　　　　　　　　よくあった

11) 何かが起きたとき、ふつう、あなたは、
　　　　1　　　2　　　3　　　4　　　5　　　6　　　7
　そのことを過大に評価したり　　　　　　　　適切な見方をして
　過小に評価してきた　　　　　　　　　　　　きた

12) あなたは、日々の生活で行なっていることにはほとんど意味がない、と感じることがありますか？
　　　　1　　　2　　　3　　　4　　　5　　　6　　　7
　とてもよくある　　　　　　　　　　　　　　まったくない

13) あなたは、自制心を保つ自信がなくあることがありますか？
　　　　1　　　2　　　3　　　4　　　5　　　6　　　7
　とてもよくある　　　　　　　　　　　　　　まったくない

14) なにかを選択するときに
　　　　1　　　2　　　3　　　4　　　5　　　6　　　7
　あれや、これやを同時に考える　　　　　　　あれか、これかを分けて考える

## 健康と将来展望　（Ⅱ）

次に当てはまる□にレ印をつけて、（　）内には適当な語句や数字または○で囲んでください。

（大正・昭和　　　）年生れ（　　）歳、（男・女）

Ⅰ．次のような症状が現在または過去にありますか（複数回答可）
　1）このような兆候が　　　1．□ある　　2．□ない
①□目の疲れがある　②□肩がこる　③□眠気がある　④□脱力感がある
（　　　）歳ころ

　2）このような兆候が　　　1．□ある　　2．□ない
①□吐き気と嘔吐がある　②□腹痛がある　③□下痢がある　④□めまいがある頭痛がある　⑤□発熱がある　（　　　）歳ころ

　3）このような兆候が　　　1．□ある　　2．□ない
①　□不機嫌である　②□逃避する　③□反抗する　④□拒食がある　⑤□寡黙である
⑥□ぐずぐずした行動がある　⑦□焦燥感がある　⑧□孤立感がある
（　　　）歳ころ

　4）このような兆候が　　　1．□ある　　2．□ない
①□気分が落ち込む　　　　　②□ブレーキがかかったように考えが進まない
③□何をしても興味がもてない　④□不安感がある　⑤□集中力・注意力の低下
⑥□自責がある　⑦□寝付いて目が覚めたり、朝早く目が覚めて熟睡感がない
⑧□全身がだるい　　　⑨□動悸がある　　　⑩□便秘がある
（　　　）歳ころ

　5）このような兆候が　　　1．□ある　　2．□ない
①□自分探しや夢を追いかけた
②□生活の安定や社会貢献（しゃかいこうけん）を考えられない
③□今、何がしたいか決められない
④□仕事ではしばられるのが嫌いである
⑤□就職活動したくない、面倒である
（　　　）歳ころ

Ⅱ．　日常生活の時間について答えてください
　1）睡眠の時間について
　　　『（　　）時（　　）分より（　　）時（　　）分まで　約（　　　時間）』

　2）テレビ（　　　）時間／一日・コンピュータ時間は（　　　）時間／一日）


ご協力ありがとうございました。
　　　　　　　　　　　　四天王寺国際仏教大学大学院博士後期課程　平塚　儒子

参考資料　調査表

Ⅲ 次のような症状が現在または過去にありますか ( 複数回答可 )
1 ) ①□目の疲れがある　②□肩がこる　③□眠気がある　④□脱力感がある
　　　　　　　　（　　　　　）歳ころから（　　　　　）歳まで
2 ) ①□吐き気と嘔吐がある　②□腹痛がある　③□下痢がある　④□めまいがある頭痛がある
　　⑤□発熱がある　（　　　　　）歳ころから（　　　　　）歳まで
3 ) ①□不機嫌である　②□逃避する　③□反抗する　④□拒食がある　⑤□寡黙である⑥□ぐず
　　ぐずした行動がある　⑦□焦燥感がある　⑧□孤立感がある
　　　　　　　　（　　　　　）歳ころから（　　　　　）歳まで
4 ) ①□気分が落ち込む　　　　　②□ブレーキがかかったように考えが進まない
　　③□何をしても興味がもてない　④□不安感がある　⑤□集中力・注意力の低下
　　⑥□自責がある　　　　　　⑦□寝付いて目が覚めたり、朝早く目が覚めて熟睡感がない
　　⑧□全身がだるい　　　　　⑨□動悸がある　　　　⑩□便秘がある
　　　　　　　　（　　　　　）歳ころから（　　　　　）歳まで
5 )　①□自分探しや夢を追いかけた
　　　②□生活の安定や社会貢献（しゃかいこうけん）を考えられない
　　　③□今、何がしたいか決められない
　　　④□仕事ではしばられるのが嫌いである
　　　⑤□就職活動したくない、面倒である
　　　　　　　　（　　　　　）歳ころから（　　　　　）歳まで

Ⅳ　日常生活の時間について答えてください
1 ) 睡眠の時間について
　　『（　　　）時（　　　）分より（　　　）時（　　　）分まで　約（　　　　時間)』

2 ) テレビ・コンピュータ時間は（　　　　　）時間/1日

3 ) 身長（　　　　）cm、体重（　　　　　）kg


以下は測定した方のみお願いします。
4 ) 血圧（　　　　　）, SpO$_2$(　　　　　　　)、pulse(　　　　　　　　　)


ご協力ありがとうございました。

167

## 引用文献

1) 神島二郎、新日本人論「日本社会の特性」、講談社、1980年6月、p59
2) 辻本雅史、教育の社会文化史、放送大学教育振興会、2004年3月、p111-114
3) Sartorius, N,. jablesky, A., W. G. Ernberg, "WHO Collaborative study; Assessment of Depressive Disorders," Psychological Medicine, vol. 10, 1980, pp743-749.
4) NHK放送文化研究所、現代日本人の意識構造［第6版］、NHK出版、2005年3月、p151〜154
5) 西義之、新・「菊と刀」の読み方-戦後日本と日本人の変容の歴史を再点検する、PHP研究所
6) 布施豊正、心の危機と民族文化療法、中央公論社、1992年12月、p50-101
7) 高橋重弘、講座・戦後の社会福祉の総括と21世紀への展望、一番ヶ瀬康子他、ドメス出版、1999年10月、p171〜200
8) 白幡洋三郎、知らなきゃ恥ずかしい日本文化、ワニブックス、2003年2月、p176〜179
9) 黄文雄、日本人が知らない日本人の遺産、青春出版社、2005年6月、p28-46
10) 柴田義松・上田八郎、ポイント教育学・教育史、学文社、1997年9月
11) 林俊一郎、ストレスとコーピング―ラザルス理論への招待、星和書店、2001年5月
12) Richard I. Evans、岡堂哲雄・中園正身訳、エリクソンは語る―アイデンティティの心理学―、新曜社、2003年9月
13) 町沢静夫、日本人に合った精神療法とは、NHK出版、2005年1月
14) 河合隼雄・加藤雅信、人間の心と法、有斐閣、2003年9月
15) 夏目誠、ストレス研究と臨床の軌跡と展望、―ストレス研究の古典解説「T. H. Holmes & R. H. Rahe」、現代のエスプリ別冊、志文堂、1999年7月、p91-99
16) 永江誠司、男と女のモラトリアム、ブレーン出版、2000年11月
17) 小此木啓吾、モラトリアム国家 日本の危機、祥伝社、平成10年8月、p11-71
18) 吉川武彦、「引きこもり」を考える―子育て論の視点から、NHK出版、2003年2月
19) Philp Barker著、山中康裕他訳：児童精神医学の基礎、金剛出版、pp27-134

2000年3月
20) 菊池章夫、社会的スキルの心理学、川島書店、2002年2月、p2-22
21) 渡辺弥生、子どものパーソナリティと社会性の発達、北大路書房、2005年5月、p146-154
22) 佐藤学、あの日を今に問う、戦後60年の原点、壮大な民主主義実験、毎日新聞、2006年4月7日13面
23) 苅谷剛彦他、調査報告「学力低下」の実態、岩波書店、2002年10月
24) 山崎晃資、松田文雄、粟田廣、精神科 Mook 28、p212-213、1992、児童思春期その他の傷害
25) 北村陽英、神経症特殊型、臨床精神医学、西村健他編、南山堂（東京）、1996、p242-245
26) 文部科学白書 2005
27) 小杉礼子、「フリーター」と「ニート」、勁草書房、2005年4月
28) 北村俊則、精神・心理症状学ハンドブック「第2版」、日本評論社、2003年12月
29) 小此木啓吾、モラトリアム人間の時代、現代のエスプリ「アイデンティティ」（社会変動と存在感の危機）志文堂、昭和49年1月
30) 厚生労働白書、生涯にわたり個人の自立を支援する厚生労働行政、「ひきこもり」などの問題、ぎょうせい、2001年2月
31) 斉藤環、「引きこもり」文化論、紀伊国屋書店、2003年12月、p60-68
32) 玄田有史・曲沼美恵、ニート―「フリーター」でもなく失業者でもなく、幻冬舎、2004年10月
33) 綿引弘、世界の歴史がわかる本「帝国主義時代～現代」、三笠書房、1993年5月
34) 宗像常次、現代のエスプリ―ひきこもり―、志文堂、2001年2月、pp45-59
35) 久保千春・河野友信、ストレス研究と臨床の軌跡と展望、志文堂、1999年7月
36) 堀野緑、子どものパーソナリティと社会性の発達、北大路書房、2000年5月、p72-83
37) 岡田仁志他、10年後の日本、『日本の論点』編集部編、文藝春秋、2005年12月
38) 清水克雄、「ゆらぎ社会」の構図―文化現象をどう読むか、TBSブリタニカ、1986年
39) 1990年OECD. Incom distribution and Poverty in OECD Countries in the Second Half of the 1990s, 2004
40) OECD Factbook 2006

41) 橘木俊詔、格差社会何が問題なのか、岩波新書、p68−78、2006年10月
42) 広井良典、日本の社会保障、岩波新書、2004、p74−77
43) 朝日新聞、2006年6月25日号
44) 橋本博明、自殺、サイエンス社、2001、p27−136
45) 厚生労働白書17年度版、地域とともに支えるこれからの社会保障、ぎょうせい、平成17年8月
46) Rook, k. 1985 The function of social bonds: perspectives from research on social support, loneliness and social isolation. in I. G. Sarason & B. R. Sarason (Eds), Social support: Theory, research and application. Martinus Nijhoff Publisher. pp243−154
47) 速水俊彦、外発と内発の間に位置する達成動機づけ、特集達成動機心理学評論、38、1995年
48) 石井研士、現代日本人の宗教、戦後50年の宗教意識と宗教行動、新曜社、2004年
49) 松浦良充、放送大学教材、近代の教育思想、放送大学教育振興会、2000年3月
50) 嶋田洋徳、社会的問題解決能力の発達、子どものパーソナリティティと社会性の発達、北大路書房、2000年5月、p188−198
51) 後藤宗理、「「フリーター」現象の心理社会的意味」、「フリーター」・その心理社会的意味、現代のエスプリ、p5−18、志文堂、2003
52) 河合隼雄、「日本人と個人」、「個人」の探求―日本文化の中で―、NHK出版、p3−16、2000
53) 平塚儒子、親の将来展望が子どもの将来展望に及ぼす影響、純心福祉文化研究、創刊号、2003年6月、p41−51
54) Aaron Antonovsky, Unraveling the Mystery of Health: How People Manage Stress and Stay Well, Jossey-Bass], San Francisco, 1987, アントノフスキー著、山崎喜比古・吉井清子監訳,「ストレス対処と健康保持のメカニズム」有信堂高文社、p221−225、2001
55) 金子浩二、「不登校」と「ひきこもり」、児童青年精神医学の現在、子どもたちの心身の困難への取り組み、ミネルヴァ書房、p166−178、2003
56) 学校基本調査（平成15年版）、文部科学省、2004
57) 金井篤子、キャリア発達の視点から、p56−68、「フリーター」、現代のエスプリ、2003
58) 日本労働機構、「『フリーター』の意識と実態―97人のヒアリング結果より」日本労働研究機構、2000

# 引用文献

59) 下村英雄、調査研究からみた「フリーター」・「フリーター」の働き方と職業意識、現代のエスプリ、「フリーター」その心理社会的意味、p32-44、志文堂、2003
60) 平成12年版労働白書、労働省編、2000年
61) 青少年白書（平成15年版）、内閣府編、2003
62) Summary record of the 465th meeting: Japan. 23/09/98 UNITED NATION, 1998
63) Concluding Observation of the Committee on the Rights of the Child: Japan. 05/06/98 UNITED NATIONS, 1998
64) 川端啓之、人間関係を学ぶ心理学―人間関係の障害と臨床心理、福村出版、2001年3月、p156-158
65) 総務省統計局と外務省2005年資料
66) 吉川武彦、精神保健マニュアル、南山堂、アイデンティティの危機と精神保健上の問題、p28-29、2003年4月
67) 佐藤学、「引きこもり」依存症―システムズ・アプローチに基づく対応法―、日本嗜癖行動学会誌、アディクションと家族、p33-52、2004年5月
68) 宮川邦直、精神分析と青春期精神医学、現代の精神分析―小此木啓吾（編集）―、日本評論社 p179-191、1998年4月
69) 一番ヶ瀬康子・仲村優一、世界の社会福祉11―アフリカ・中南米・スペイン、旬報社、2000年2月、p18-39、p238-257
70) ユネスコ・アフリカの歴史、同朋舎出版、第7巻下巻、1988年10月、pp858-867
71) 財団法人家計経済研究所、ニュージーランドの家族・家庭生活、2003年3月
72) ディヴィット・リースマン、加藤秀俊訳、孤独な群集、みすず書房、2006年4月
73) 生野照子、教育と医学、子どものストレス「子どものストレスと心の訴え」、慶応義塾大学出版会、2006年8月、P32-52
74) 傳田健三、子どものストレス、「今の子どもたちが受けているストレス」、教育と医学、平成18年8月、P4-13
75) 池田久剛、子どものストレス、「発達に及ぼす幼少年期のストレス・ストレスの功罪」、教育と医学、平成18年8月、P24-31
76) 児童の権利に関する条約、6．基本的保健及び福祉―青少年の健康 45. 46. 教育余暇そして文化活動 49. 50. 国際連合、2004年2月
77) 青少年白書平成16年版、青少年の現状と施策、内閣府、平成16年7月

78)『日本の論点』編集部編、10年後の日本、文藝春秋、2005年12月
79) 池本薫、社会の変化と教育改革、アドバンテージサーバー、1999年6月
80) 毎日新聞、2006年10月16日
81) 遠山敦子、こうすれば変わる学校、こう変わる大学、講談社、2004

## 参考文献

1. 仏教大学通信教育部、21世紀の社会福祉を目指して、ミネルヴァ書房、2002年1月
2. 一番ヶ瀬康子、障害者の福祉と人権、光生館、1987年1月
3. C・B・ジャーメイン、小島蓉子訳、エコロジカル・ソーシャルワーク―カレル・ジャーメイン名論文集―、学苑社、1992年4月
4. 阿部志郎他、戦後社会福祉の総括と21世紀への展望―Ⅱ思想と理論、ドメス出版、2002年4月
5. 山崎喜比古・朝倉隆司、生き方としての健康科学、有信堂高文社、2001年5月
6. 宗像常次、現代のエスプリ403、「引きこもり」精神保健学、志文堂、2001年2月
7. 斉藤環、「引きこもり」と社会性、現代のエスプリ403、志文堂、2001年2月
8. 小此木啓吾、モラトリアム国家・日本の危機、祥伝社、平成10年8月
9. 厚生労働白書（13年度版）、生涯にわたり個人の自立を支援する厚生労働行政、平成13年9月
10. 厚生労働白書（平成17年度版）、地域とともに支えるこれからの社会保障、平成17年8月
11. 中垣内正和、「『引きこもり』を生む社会」、アディクションと家族、日本嗜癖行動学会誌、第21巻1号、2004年5月
12. 小此木啓吾、モラトリアム人間の時代、中央公論社、1977年
13. 三池輝久、学校過労死―「不登校」状態の子どもの身体には何が起こっているか―、診断と治療社、1998年3月
14. 長山靖男、若者はなぜ「決められない」か、筑摩書房、2003年9月
15. R.I.エヴァンズ著、岡堂哲雄・中園正身訳、エリクソンは語る―アイデンティティの心理学、新曜社、2003年9月
16. 鍋田恭孝編、学校不適応とひきこもり、こころの科学、日本評論社、1999年9月
17. 野村忍、不安とストレス、不安・抑うつ臨床研究会、日本評論社、1998年6月
18. 河合隼雄、日本人の心、潮出版社、2001年6月
19. 北村俊則、精神・心理症状学ハンドブック［第2版］、日本評論社、2003年12月
20. 小此木啓吾、現代の精神分析、日本評論社、1998年4月

21. 星野命、対人関係の心理学、日本評論社、1998年4月
22. 河合隼雄、日本人とアイデンティティ、創元社、1984年8月
23. 武田専、現代人の「こころの病」、悠思社、1993年1月
24. 高田明和、脳・こころ・癒し、アリアドネ企画、1997年7月
25. 小此木啓吾、なぜ「困った人」なのか、大和書房、1999年7月
26. 河合隼雄・加藤雅信、人間の心と法、有斐閣、2003年9月
27. 堀野緑、子どものパーソナリティと社会性の発達、北大路書房、2000年5月
28. 竹中暉雄他、時代と向き合う教育学、ナカニシヤ出版、2004年4月
29. 藤原武彦他、社会心理学、福村出版株式会社、1995年3月
30. 細井秀雄、10年後の日本、『日本の論点』編集部編、文藝春秋、2005年12月
31. 財団法人家計経済研究所、ニュージーランドの家族・家庭生活、平成15年3月
32. 内閣府政策統括官、世界の青年との比較から見た日本の青年―第7回世界青年意識調査報告書―平成16年8月
33. 福西勇夫他、現代のエスプリ；科学的視点から「心」を測る、最近の国際的動向も含めて、志文堂、2002年10月
34. 小倉啓宏、保健医療行動科学辞典、メヂカルフレンド社、1999年9月
35. 一番ヶ瀬康子他、世界の社会福祉年鑑2003、第3集、旬報社、2003年11月
36. 福西勇夫、一般臨床の「心の問題」診療マニュアル、メディカル・サイエンス・インターナショナル、2000年5月
37. 諸富祥彦他、現代のエスプリートランスパーソナル心理学、志文堂、2003年10月
38. 岡崎祐士、心の科学109―精神医学・医療の国際比較、日本評論社、2003年5月
39. 岡崎祐士、心の科学106―こころの病気のセルフチェック、日本評論社、2002年11月
40. 春日井望、心の科学109―心因、日本評論社、2001年1月
41. 宮岡等、心の科学109―診療内科、日本評論社、1999年3月
42. 大原健士郎、心の健康学＝ケース・スタディ015、丸善株式会社、1991年6月
43. 林俊一郎、ストレスとコーピング―ラザルス理論への招待、星和書店、2001年5月
44. 河合隼雄、大人になることのむずかしさ―子どもと教育を考える2、岩波書店、1986年8月
45. 暉峻淑子、豊かさの条件、岩波書店、2004年9月

## 参考文献

46. 稲垣良典、人間文化基礎論―文化と宗教―、九州大学出版会、2003年8月
47. 山折哲雄、仏教とは何か―ブッダ誕生から現代宗教まで―、中央公論新社、2004年10月
48. 石原明太郎、仏教・キリスト教・イスラーム・神道どこが違うか、大法輪閣、平成3年10月
49. 石井研士、現代日本人の宗教―戦後50年の宗教意識と宗教行動、新曜社、2004年4月
50. 宇佐慎一・木下勇作、続あるがままの世界―宗教と森田療法の接点―、東方出版、1995年5月
51. Sartorius N. jablesky, A, W. G. Ernberg, "WHO Collaborative study; Assessment of Depressive Disorders," Psychological Medicine, vol. 10, 1980
52. NHK放送文化研究所、現代日本人の意識構造［第6版］、NHK出版、2005年3月
53. 西義之、新・「菊と刀」の読み方―戦後日本と日本人の変容の歴史を再点検する、PHP研究所
54. 布施豊正、心の危機と民族文化療法、中央公論社、1992年12月
55. 高橋重弘、講座・戦後の社会福祉の総括と21世紀への展望、一番ヶ瀬康子他、ドメス出版、1999年10月
56. 神島二郎、新日本人論「日本社会の特性」、講談社、1960年6月
57. 白幡洋三郎、知らなきゃ恥ずかしい日本文化、ワニブックス、2003年2月
58. 柴田義松・上田八郎、ポイント教育学・教育史、学文社、1997年9月
59. 辻本雅史、教育の社会文化史、放送大学教育振興会、2004年3月
60. 森貞彦、みなしご『菊と刀』の嘆き・学界の巨頭たちが犯した大過、東京図書出版会、2003年3月
61. 永江誠司、男と女のモラトリアム―若者の自立とゆらぎの心理―、ブレーン出版、2000年11月
62. 夏目誠、ストレス研究と臨床の軌跡と展望、―ストレス研究の古典解説「T. H. Holmes & R. H. Rahe」―、現代のエスプリ別冊、志文堂、1999年7月
63. Concluding Observation of the Committee on the Rights of the Child: Japan. 05/06/98. UNITED NATIONS, 1998
64. Summary record of the 465th meeting; Japan, 23/09/98 UNITED NATION, 1998
65. 「引きこもり」長男を心配し診療進める、毎日新聞9面、夕刊、2006年5月31日
66. 玄田有史他、「ニート」（not in education emplyment or training）「フリ

ーター」でもなく失業者でもなく、幻冬舎、2004年10月
67. 離婚でもめる親へ（子どものこと優先して)、毎日新聞、（朝刊)、2006年5月19日
68. 減らぬ自殺者、毎日新聞、（朝刊)、2006年5月23日
69. Gunilla Ringback Weitoft, School's out! Why earlier among Children of lone parents? INTERNATION journal of Social Welfare, 1369-6866, 2004
70. 「不登校」に新対策、毎日新聞6面、（朝刊)、2002年9月8日
71. カワン・スタント、感動なき高等教育の責任「『フリーター』対策では遅い」日本経済新聞、2004年9月6日
72. 厚生労働省、海外情勢白書・世界の厚生労働2004、TKC出版、2004年10月
73. 黄文雄、日本人が知らない日本人の遺産、青春出版社、2005年6月
74. ルース・ベネディクト、菊と刀―日本文化の形―、社会思想社、1969年1月
75. 文部省、初等教育資料2月号、MESC64、東洋館出版社、1988年2月
76. 佐藤学、戦後60年の原点―壮大な民主化実験―、毎日新聞、2006年4月7日
77. 久保田信之、病める現代社会と人間関係、酒井書店、1998年4月
78. 斉藤環、「引きこもり」文化論、紀伊国屋書店、2003年12月
79. 正高信男、引きこもる「良い子」と日本型コミュニケーション、現代のエスプリ―科学的視点から「心」を測る、最近の国際動向も含めて、志文堂、2002年10月
80. 佐藤淑子、イギリスのいい子、日本のいい子―自己主張とがまんの教育、中央公論新社、2003年2月
81. クライン孝子、甘やかされすぎる子どもたち―日本とドイツの生き方―、ポプラ社、1999年10月
82. 赤川学、子どもが減って何が悪いか、筑摩書房、2005年8月
83. 土屋守、子どもたちを元気にしよう―医者が見た記者が見た不登校、白揚社、1999年12月
84. 相部和男、普通の親なのに、なぜ問題児に泣かされる―わが子を救う緊急カウンセリング、PHP研究所、1996年4月
85. 星一郎、アドラー博士の子育て5原則、サンマーク文庫、2002年4月
86. 清永賢二、少年非行の世界、―空洞の世代の誕生、有斐閣、2001年1月
87. 加藤諦三、「自分の居場所」をつくる心理学、PHP研究所、1989年10月
88. 西沢良記、「痛い」「だるい」は生活習慣病のサイン、講談社、2003年11月
89. 斉藤学、家族依存症―仕事中毒から過食まで、誠信書房、1989年8月
90. 天野郁夫、学歴の社会史―教育と日本の近代―、新潮選書、1992年11月

# 参考文献

91. 松崎博光、自律神経失調症―乱れた身体のリズムを治す、新星出版社、1992年6月
92. エスター他、ストレス・マップ、騎虎書房、1990年9月
93. 太田肇、囲い込み症候群、筑摩書房、2001年12月
94. 菅原明子、ストレスに克つ生活術、講談社、1988年1月
95. 河野友信他、ストレス研究と臨床の軌跡と展望、志文堂、1999年7月
96. 樋口和彦、ユングの心理学の世界、創元社、1978年3月
97. 磯貝芳郎、自己抑制と自己実現―がまんの心理学、講談社、昭和62年1月
98. 河合隼雄、物語を生きる―今は昔、昔は今―、小学館、2002年1月
99. 山本晴義、ストレス教室、新興医学出版社、1996年9月
100. 有田秀穂、セロトニン欠乏脳―キレる脳・鬱の脳をきたえ直す、NHK出版、2003年12月
101. 河村哲、中高年のうつ病、主婦と生活社、2000年5月
102. 池見酉次郎、心療内科・続、中央公論社、1973年
103. 平井孝男、心の病の治療ポイント―事例を通した理解、創元社、1989年7月
104. 樋口輝彦・本橋伸高、うつ病の病態生理と診断・治療、真興交易医書出版部、2000年4月
105. 宮岡等、読むとわかる拒食症、同文書院、1996年6月
106. 融道男、心と脳の関係、ナツメ社、2005年10月
107. 森下玲児、これからの健康科学、金芳堂、1998年4月
108. 一番ヶ瀬康子、福祉文化論、有斐閣、1997年3月
109. 仲村優一・一番ヶ瀬康子、世界の社会福祉11―アフリカ・中南米・スペイン、旬報社、2000年2月
110. 日高義樹、どうする、日本―不況でない衰退だ、PHP研究所、2002年4月
111. 八柏龍紀、日本の歴史ニュースが面白いほどわかる本、中経出版、2002年10月
112. 石澤靖治、日本はどう報じられているか、新潮社、2004年1月
113. 小杉礼子、フリーターとニート、勁草書房、2005年4月
114. 桑原敏明、社会制度・教育制度からの改革、教育と医学2006、No.637、慶應義塾大学出版会、2006年7月
115. 長須正明、若年無業者の生活、教育と医学2006、No.637、慶應義塾大学出版会、2006年7月
116. 平野岳史、ニート・フリーターの教育援助、教育と医学2006、No.637、慶應義塾大学出版会、2006年7月

117. 田中康雄、治療する側から支援する側へ、教育と医学2006、№637、慶應義塾大学出版会、2006年7月
118. 木村直子、サリバン、対人関係の再発見―信頼と絆の回復に向けて、現代のエスプリ、№468, 2006年7月
119. 佐伯啓思、現代民主主義の病理、戦後日本をどう見るか、NHK出版、2003年10月
120. ルドルフ・シュタイナー、西川隆範訳、子どもの健全な成長、アルテ、2004年6月
121. 西川隆蔵他、新・自己理解のための心理学―性格心理学入門、福村出版、1998年2月
122. 小田晋他、ニートひきこもり、新書館、2005年11月
123. 神山新平、病気でないからひきこもりは解決できる、メタモル出版、2005年3月
124. 牟田武生、ひきこもり／不登校の処方箋―心のカギを開くヒント・増補版、オクムラ書店、2003年8月
125. 香山リカ、就職がこわい、講談社、2004年2月
126. 工藤定次・斉藤環、激論！ ひきこもり、ポット出版、2004年4月
127. ナンシー・ウィリアムズ他、パーソナリティ障害の診断と治療、創元社、2006年5月
128. 遠山紘久、心理療法と宗教、四天王寺カウンセリング講座6、創元社、2006年6月
129. NHK放送文化研究所、NHK中学生・高校生の生活と意識調査―楽しい今と不確かな未来、2003年6月、NHK出版
130. 山本肇、少子亡国論、かんき出版、1998年5月
131. 河上亮一、学校崩壊、草思社、1999年2月
132. 新堀通也、教育病理への挑戦―臨床教育学入門、教育開発研究所、1996年2月
133. アンドルー・ワイル、上野恵一訳、癒す心、治る力、角川文庫、1998年7月
134. 吉田康彦、人類を滅ぼす13の危機、広済堂出版、1993年4月
135. 近藤千恵、理由ある反抗、総合法令出版、1998年6月
136. 藤原武弘・高橋超、チャートで知る社会心理学、福村出版、1994年10月
137. 平塚儒子、親の将来展望が子どもの将来展望に及ぼす影響―BMI値や尿蛋白検査から―、純心福祉文化研究、創刊号、2003年6月
138. 平塚儒子、思春期に見られる身体兆候と自己達成感、純心福祉文化研究2005、

2005年5月
139. 平塚儒子、不登校児と引きこもり問題に関する研究（1）、医学と生物学第148巻第10号、2004年9月
140. 平塚儒子、青少年の心身疲労の考察—日本とケニア・エジプトを通して—、医学と生物学第149巻第1号、2005年1月
141. 平塚儒子、不登校児・引きこもり・ニートに関する心身兆候の年齢階層別調査、医学と生物学第105巻第5号、2006年5月
142. 平塚儒子、日本とNew Zealandの若者にみられる肉体的精神的疲弊度、医学と生物学第150巻第8号、2006年8月

**著者略歴**

平塚　儒子（ひらつか・じゅこ）

現在、エイジコンサーン・ジャパン理事・主任研究員。大阪府立高校教諭、株式会社東レ・アドバイザーを経て現職。

1943年9月、大阪市生まれ。長崎純心大学大学院人間文化福祉学科博士前期課程修了、四天王寺国際仏教大学大学院人間福祉学博士後期課程。

青少年および成人の調査。①2001～03年、ケニア、オーストラリア、スウェーデン、エジプトと日本との比較調査（論文）。②04年、大阪・西成愛隣地区における生活・食生活の聞き取り実態調査を約6ヶ月間実施（論文）。③05、06年ニュージーランドと日本との比較調査（論文）。

---

## 「社会的脱落層」とストレスサイン

2007年9月10日　第1版第1刷
定　価＝2800円＋税

著　者　平　塚　儒　子　©
発行人　相　良　景　行
発行所　㈲時　潮　社
　　　　174-0063 東京都板橋区前野町 4-62-15
　　　　電話 (03) 5915-9046
　　　　FAX (03) 5970-4030
　　　　郵便振替 00190-7-741179　時潮社
　　　　URL http://www.jichosha.jp
　　　　E-mail kikaku@jichosha.jp

印刷所　㈲相良整版印刷
製本所　仲　佐　製　本

乱丁本・落丁本はお取り替えします。

ISBN978-4-7888-0619-1

# 時潮社の本

## 近代社会事業の形成における地域的特質
―――山口県社会福祉の史的考察―――
杉山博昭著
Ａ５判函入り上製・384頁・定価4500円（税別）

日本における社会事業形成と展開の過程を山口県という地域において捉えた本書は、数少ない地域社会福祉史研究である。著者は、先達の地道な実践と思想を学ぶことから、優れた社会福祉創造は始まると強調する。一番ヶ瀬康子推薦。

## 難病患者福祉の形成
―――膠原病系疾患患者を通して―――
堀内啓子著
Ａ５判上製・224頁・定価3500円（税別）

膠原病など難病患者を暖かいまなざしで見つめてきた著者が、難病患者運動の歴史と実践を振り返り、今日の難病対策の問題点と今後の難病対策のあり方について整理し、新たな難病患者福祉形成の必要性を提起する。『社会福祉研究』絶賛。

## ―――現代社会福祉の基本視角―――

一番ヶ瀬康子著
Ａ５判上製・392頁・定価3500円（税別）

スウェーデンの動向を念頭に置きつつ、日本の社会福祉の状況をみつめ、変わらないもの、変えなければならないものを探求した社会福祉学の基本書。＜内容＞社会福祉学の探求／スウェーデン社会福祉の研究の展開／社会福祉「改革」の問題点。

## 大正昭和期の鉱夫同職組合「友子」制度
続・日本の伝統的労資関係
村串仁三郎著
Ａ５判・上製・430頁・定価7000円（税別）

江戸時代から昭和期まで広範に組織されていた、日本独特の鉱夫職人組合・「友子」研究の完結編。これまでほとんど解明されることのなかった鉱夫自治組織の全体像が明らかにされる。『日本労働研究雑誌』『大原社研』『図書新聞』等で紹介。

# 時潮社の本

## 中国のことばと文化・社会
### 中文礎雄著
#### Ａ５判並製・352頁・定価3500円（税別）

5000年に亘って文化を脈々と伝え、かつ全世界の中国人を同じ文化で結んでいるキーワードは「漢字教育」。言葉の変化から社会の激変を探るための「新語分析」。２つの方法を駆使した中国文化と社会の考察。本書のユニークな方法は、読者を知的に刺激する。

## アメリカ　理念と現実
### 分かっているようで分からないこの国を読み解く
### 瀬戸岡紘著
#### Ａ５判並製・282頁・定価2500円（税別）

「超大国アメリカとは、どんな国」——もっと知りたいあなたに、全米50州をまわった著者が説く16章。目からうろこ、初めて知る等身大の実像。この著者だからこその新鮮なアメリカ像。

## 食からの異文化理解
### テーマ研究と実践
### 河合利光編著
#### Ａ５判並製・232頁・定価2300円（税別）

食を切り口に国際化する現代社会を考え、食研究と「異文化理解の実践」との結合を追究する。——14人の執筆者が展開する多彩、かつ重層な共同研究。親切な読書案内と充実した注・引用文献リストは、読者への嬉しい配慮。

## 社会的企業が拓く市民的公共性の新次元
### 持続可能な経済・社会システムへの「もう一つの構造改革」
### 粕谷信次著
#### Ａ５判並製・342頁・定価3500円（税別）

社会的格差・社会的排除の拡大、テロ―反テロ戦争のさらなる拡大、進行する地球環境の破壊——この地球で持続可能なシステムの確立は？　企業と政府セクターに抗し台頭する第３セクターに展望を見出す、連帯経済派学者の渾身の提起。

## 時潮社　話題の2冊

### 二〇五〇年 自然エネルギー 一〇〇％ 増補改訂版

フォーラム平和・人権・環境〔編〕

藤井石根〔監修〕

A5判・並製・280ページ

定価2000円＋税

ISBN4-7888-0504-9　C1040

「エネルギー消費半減社会」を実現し、危ない原子力発電や高い石油に頼らず、風力・太陽エネルギー・バイオマス・地熱など再生可能な自然エネルギーでまかなうエコ社会実現のシナリオ。
『朝日新聞』（05年9月11日激賞）

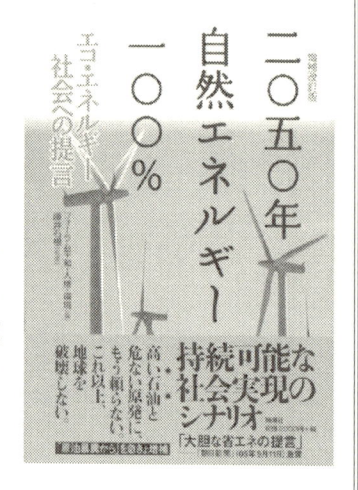

### 労働資本とワーカーズ・コレクティヴ

白鷗大学教授　樋口兼次著

A5判・並製・210ページ

定価2000円＋税

ISBN4-7888-0501-4　C1036

明治期から今日まで、日本における生産協同組合の歴史を克明にたどり、ソキエタスと労働資本をキーワードに、大企業組織に代わるコミュニティービジネス、NPO、SOHOなどスモールビジネスの可能性と展望を提起する。

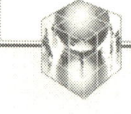